Workbook for Your Life Design Based on Career Psychology

キャリア心理学 ライフデザイン・ワークブック

杉山 崇
Sugiyama Takashi

馬場洋介
Baba Hirosuke

原 恵子
Hara Keiko

松本祥太郎
Matsumoto Shotaro

ナカニシヤ出版

はじめに
―この本の使い方―

　あなたのキャリア，すなわち生き方を考える時に本当に大切なことは何でしょうか？　この問いかけに，現代の専門家の多くは「あなた自身」と答えることでしょう。ここで言うあなた自身とは，あなたにとって「何が嬉しいのか，嫌なのか」のことです。

　この本は「あなた自身のキャリアを生きる入り口」にしてもらえる本です。第1章ではキャリアの考え方を紹介し，第2章から第7章までは「あなた自身を発見する」をテーマにしたワークが紹介されています。各章の参考事例を読みながらワークシートを完成させれば，「あなた自身」を発見できることでしょう。そして，第8章から第10章は就職活動，転職活動における企業選びやエントリーシート作成，面接対策に直結するツールやワークそして技法を紹介しています。活動中の方や活動目前の方は第8章からはじめてください。

　さて，現代社会でキャリアを考える時に「あなた自身」が大切なのはなぜなのでしょうか？　それは，現在の私たちには，生き方には多くの選択肢があるからです。人生を選べなかった時代と比べると贅沢なことではありますが，選択肢があるということは「選べないと何もない」ということでもあります。特に日本では会社依存の画一的な生き方がスタンダードとされた時代から，主体的に「自分自身のキャリア」を積み上げる多様性の時代へと変わりつつあります。
　もちろん，現在も会社依存の生き方が全く不可能なわけではありません。ですが，会社に依存するにしても主体的に会社に依存する（≒貢献する）価値を見出せる人が会社に選ばれて愛されます。「みんなが就職しているから，何となく私も…」では選ばれない時代なのです。たとえば結婚のプロポーズで「みんな結婚したから，そろそろ私も…」と申し込まれたらいかがでしょうか。ほとんど断られますよね。このようにキャリアを選ぶには，「あなた自身の主体性」が大切なのです。

　この本であなたが「あなた自身」を見つけ，10年後，20年後に自分のキャリアに満足してもらえることが私たちの願いです。今日からキャリアの友として使ってやってください。2, 3年に一度はこの本のワークをやってもらえると，自分を見失うリスクを避けられるのでベストです。さあ，これから，ご一緒にあなたのキャリアを歩みましょう！

目　次

はじめに―この本の使い方―　i

1　ライフデザインがある生き方，ライフデザインがない生き方・・・・・1

1-1　20歳からのライフデザイン，見えていますか？　1
1-2　仕事に愛される人，愛されない人　4
1-3　自分らしいキャリア探索とは？　6
1-4　充実したキャリアの方程式　10

2　ジョハリの窓：「私の知らない私」・・・・・・・・・・・・・・・・・13

2-1　はじめに　13
2-2　ジョハリの窓とは　13
2-3　ジョハリの窓を応用した自己認識が重要なワケ　15
2-4　ジョハリの窓ワーク　17
2-5　ワークシート①「自分とは？（様々な視点から見た自分）」：記入の方法　18
　　■ワークシート①　様々な視点から見た自分　19
2-6　ワークシート②「私のジョハリの窓」：回答の方法　20
　　■ワークシート②-1　私のジョハリの窓　20
　　■ワークシート②-2　私のジョハリの窓　結果　21
2-7　自分がわからない……就活で自己分析にとまどう学生の事例　22
2-8　自己理解はできているものの……仕事で自信をなくした20代社会人の事例　24
2-9　今後に向けたワンポイントアドバイス　26
　　■コラム1　豊かなキャリアの道標，ハンセンの4つの要素と6つの課題　27

3　キャリア・アンカーと「いらない私」を見限る勇気・・・・・・・・・29

3-1　はじめに　29
3-2　キャリア・アンカーの自己理解が重要なワケ　29
3-3　価値観の診断ツールについて　29
3-4　価値観の診断ツール：回答の方法　30
　　■ワークシート①　簡易版キャリア・アンカー診断ツール　30
3-5　生き方の診断ツール：結果の整理　31

●ワークシート②　キャリア・アンカー診断の集計シート　31
　3-6　就活でやりたい仕事が見つからない女子学生の事例　32
　3-7　会社と上司が嫌で嫌で仕方がない男性の事例　34
　3-8　向いていない仕事環境の中で向いている生き方をするには　35
　3-9　あなたのワークシート③，ワークシート④を描いてみましょう　37
　　　●ワークシート③　「重要―不要」確認シート　37
　　　●ワークシート④　環境改善プラン発見シート　38
　3-10　うまくいかない時のワンポイントアドバイス　38
　　■コラム2　有能なエキスパートになる秘密の心理科学①：問題解決が上手い人になろう　40

4　パーソナリティと職業興味：興味・関心を探索する六角形のモデル・・41

　4-1　はじめに　41
　4-2　六角形モデルを使った自己理解が重要なワケ　41
　4-3　六角形モデルのさらなる理解のために　43
　4-4　RIASECモデルの診断ツールについて　44
　4-5　ワークシート①「具体的な仕事から考える自分のタイプ」：記入の方法　44
　　　●ワークシート①　具体的な仕事から考える自分のタイプ　45
　4-6　ワークシート②「RIASEC簡易チェック」：回答の方法　45
　　　●ワークシート②　RIASEC簡易チェック　46
　4-7　就活中の学生の事例　47
　4-8　在職中の社会人の事例　49
　4-9　今後に向けたワンポイントアドバイス　51

5　レジリエンス・・・・・・・・・・・・・・・・・・・・・・・53

　5-1　はじめに　53
　5-2　レジリエンスが重要なワケ　53
　5-3　レジリエンスの診断ツール1について　54
　　　●レジリエンス診断ツール1　55
　5-4　レジリエンスの診断ツール2について　56
　　　●レジリエンス診断ツール2　56
　5-5　回答のポイントとツールでわかること　56
　5-6　就活でなかなか内定がもらえない女子学生の例　57
　5-7　業績が上がらないことを指摘された男性社員の例　60
　5-8　アドバイス　63

■ コラム3　自分の物語を取り戻そう。サヴィカスのキャリアストーリーインタビュー　64

6　「ライフ-キャリア・レインボー」「ライフ・ロール」：私の役割は何？・・65

6-1　はじめに　65
6-2　この章が重要なワケ　66
6-3　ライフ・ロール診断ツール1について　66
6-4　ライフ・ロール診断ツール2について　67
6-5　回答のポイント　67
6-6　就活までまだ時間がある大学2年生Aさんの場合　67
6-7　入社5年目のサラリーマン男性Bさんの場合　70
6-8　アドバイス　73
■ コラム4　幸せな職業キャリアの絶対法則があった：仕事と付き合う6steps　75

7　ご縁を引き寄せる生き方：計画された偶発性・・・・・・・・・・・　77

7-1　はじめに　77
7-2　この章が重要なワケ　77
7-3　計画された偶発性診断ツール1について　78
　　● 計画された偶発性診断ツール1　78
7-4　計画された偶発性診断ツール2について　79
　　● 計画された偶発性診断ツール2　79
7-5　女子就活生Aさんの場合　80
7-6　入社3年目の男性サラリーマンBさんの場合　82
7-7　5つの行動特性を磨き，偶発性を高めるためのアドバイス　85
■ コラム5　あらゆるピンチはチャンスである。「転機」を乗り越える「4つの"S"」　87

8　業界・企業研究の極意！　その1：「強み」を活かせる業界の発見・・　89

8-1　「強み」とは変わりにくいもの　89
8-2　「強み」にはどのようなものがあるのか？　90
8-3　強みが動詞になったエピソードを明らかにする　90
　　● 強みの発見ツール　91
8-4　企業研究の極意　92
8-5　強みが動詞に変わるビジネスモデルを探す　93
8-6　ビジネスモデルと動詞のマッチングをローラー調査（評価）する　95
8-7　仕事の向き不向きを考えるヒント　96

9 業界・企業研究の極意！ その2：あなたが活きる「企業風土・企業文化」と「人生のテーマ」の調査・・・・・・・・・・・・・・・・・・・99

 9-1 はじめに 99
 9-2 企業風土と企業文化の違い 99
 9-3 企業風土の分類 100
 9-4 強みが動詞に変わる「風土」を見つける 101
  ●強みが動詞に変わる風土の発見ツール 101
 9-5 企業風土と業界の特徴 102
 9-6 業界と企業文化 103
 9-7 テーマと企業のマッチング 104
  ●「テーマ」につながる仕事の発見ツール 105
 9-8 ワンポイントアドバイス 105
 ■コラム6 有能なエキスパートになる秘密の心理科学②：1万時間の経験値の威力 106

10 企業への自己アピールの極意：エントリーシート・面接・グループディスカッションのプロの技術・・・・・・・・・・・・・・・・・・107

 10-1 就職活動・転職活動のプロではなく，自分を活かすプロになろう 107
 10-2 エントリーシートの極意 107
 10-3 これで万全！ES準備 108
 10-4 面接とメラビアンの法則 109
 10-5 面接通過率を上げる5つの秘訣 110
 10-6 面接に対する「よくある疑問」5選 111
 10-7 グループディスカッションの極意 112
 10-8 ケース練習をやる 113
 10-9 ファシリテーション力を鍛える 113
 10-10 ワンポイントアドバイス 114

索引 115

◎本書における事例は実際の事例をもとに主旨を損ねない範囲で個人情報に配慮しつつ筆者らがデフォルメしたものです。あなたのキャリアを考える参考にご活用ください。
◎本書に掲載した白紙のワークシートは，ダウンロード資料としても提供しています。ご希望の方は，manual@nakanishiya.co.jp まで，ご氏名，ご所属および本書の書名（『キャリア心理学ライフデザイン・ワークブック』）を明記のうえ，メールにてご連絡ください。

ライフデザインがある生き方，ライフデザインがない生き方

1-1 20歳からのライフデザイン，見えていますか？

　突然ですが大学時代の同級生Aさん，Bさんをご紹介します。二人は今20代半ばになっています。これから二人のキャリアを比べてみましょう。みなさん，どのような感想を持つでしょうか？

1-1-1 AさんとBさん

　在学中のAさん，Bさんの二人は同じサークルのメンバーで，当時は将来について語り合った仲間でした。しかし，大学卒業後，会う機会がなく，いつのまにか5年の月日が流れていました。

　そんな二人に大学のサークルの同窓会の案内状が届きました。「卒業して，もう5年になるのかぁ……」Aさん，Bさんは，これまで同窓会に不参加でしたが，偶然にも「あの頃のみんなはどうしているんだろう。久々に会いたいなあ」と同じように思いました。二人は，出席の葉書を出して同窓会の当日を迎えました。Aさん，Bさんは，久々に会う同窓生のおきまりの挨拶から，卒業からこれまで歩んできたキャリアについて勢いよく語り合いました。

1-1-2 Aさんのこれまで

　Aさんは，大学時代，サークルの代表をしていました。当時から自分のキャリア（将来）について問題意識を持っていました。様々な業界のインターンシップにも参加し，企業で働く人や他大学の学生と接する中で，職業キャリア（仕事を通しての生計維持，役割の実現，個性の発揮，生きがいの実感）を真剣に考えるようになりました。また，授業で習ったことや，アルバイト先やサークルの先輩などの社会人をはじめ，たくさんの大人たちの助言も参考に，自分なりのライフデザインを見出して就活に臨みました。その結果として，自分のライフデザインが実現できそうな会社に就職して5年目になりました。

　この5年間をふりかえると，入社当初は描いていたキャリアを歩んでいる実感はありました。でも，最近は当初描いていたライフデザインとのギャップを感じています。入社当初はワーク

ライフバランスを大事にしながら，安定した会社で着実にキャリアを積み上げていこうというライフデザインでした。営業に配属され取引先のベンチャー企業の経営者と接する中で，ライフデザインの考え方が変わってきました。ベンチャー企業のような成長が著しい組織風土の中で働き，若いうちに自分の実力を試してみたい，という新たなライフデザインが芽生えてきました。

自分のライフデザインの考え方の変化を，大学の仲間に会い，確かめたい気持ちもありました。「このまま，この会社でキャリアを積み上げていくのか，それとも，新たなフィールドで何かにチャレンジするのか」

そんなことを大学時代の仲間に会って意見をぶつけて，自分と向き合って考えてみたいと思いました。「自分の今後のライフデザインを再度考えるいい機会だ」，そういう思いで同窓会に参加しました。

1-1-3 Bさんのこれまで

一方，Bさんは，大学時代に自分のキャリアを描けず，当時，アルバイトしていた居酒屋の手伝いを卒業後も継続して，しばらくはそのまま働いていました。居酒屋で日々接客をしながら，サラリーマン同士の愚痴の会話を聞くたびに，「なんで，こんなに愚痴をこぼしてまでも働かなきゃいけないのか」と感じていました。そんな思いもあり，組織に縛られないアルバイトの働き方が気楽でいいと思っていました。

不安がなかったわけではないですが，将来に対する明確な見通しもなかったので，日々の流れに身を任せていました。しばらくして，知り合いからの誘いで派遣登録して，工場の現場で働きました。その後も派遣社員として，事務職，イベントの設営スタッフ等，当面の生活費を稼ぐために働きました。でも，これといって，やりたいことがあったわけでもありませんでした。

同居している両親からも，「そろそろ，ちゃんと就職したら」とお叱りを受け，最近，ようやく就活をしました。特に何をやりたいわけではありませんでした。アルバイト先の居酒屋の店長代理として，業績や人の管理など，経営を任されていた経験や工学部機械科専攻で機械操作に慣れていることを評価され，ようやく10社目で自動車部品メーカーの外回りとして，ガソリンスタンドや修理業者を回る仕事に採用されました。売り上げが伸びないときは飛び込み営業を指示されることもありました。

大学の仲間に会う気恥ずかしさもありましたが，これ以上ブランクが長くなると，大学の仲間の集まりには参加できなくなるんじゃないかと思い，思い切って参加してみることにしました。また，みんながどんな仕事をしているのかも気になっていました。

1-1-4 Aさんの帰宅後

Aさんは，同窓会から帰ってきて，「久々に仲間に会えたし，同窓会は楽しかったなあ。み

んな，それぞれの職場で悩みながらも頑張っているなあ。まだまだ，チャレンジできる年代だよなあ。いろいろな選択肢を考えていこう。おれも自分らしくがんばろう」と思いました。

そこでAさんは，当時大学の授業で習った「統合的人生設計」のワークシートを見直してみました。「統合的人生設計」とは，ハンセン（L. S. Hansen）が提唱した概念で，人生を労働（Labor），愛（Love），学習（Learning），余暇（Leisure）という，4つの役割を組み合わせたキルト（パッチワーク）にたとえ，それぞれ組み合わされ，意味ある全体にするというものです。そのワークシートには，その時，描いていた，仕事，趣味，家庭，レジャー等の大まかなライフデザインの設計図が記入されていました。当時描いたライフデザインは実現できているものもあれば，その後，方向性が変わって実行していないものもありました。

完璧に満足とは言えませんが，Aさんは自分が描いたライフデザインを歩んでいることを実感して，「これからも，自分のライフデザインをその時の状況に応じて見直して，その時に合ったライフデザインを描いていこう」と思いを新たにしました。

「5年後の同窓会が楽しみだな。また，みんなと話をして自分の立ち位置を確かめよう。これからのライフデザインについて，みんなと議論を深めたいなあ」「当面は，この会社でキャリアを積み上げていこう。次のステップを考えるのは，今掲げているテーマを達成してからかな。その時はそれまでのキャリアをふりかえって，将来のライフデザインについて真剣に考えてみよう。明日から仕事がんばろう！」と眠りにつきました。

1-1-5　Bさんの帰宅後とAさんとの比較

一方で同窓会から帰ってきたBさんは，「みんな自分が描いていたキャリアを実現しているなあ。羨ましいなあ」「それに比べて俺は何をしているんだろう」「今やっている営業の仕事も本当にやりたい仕事でもないし。そもそも俺は何をやりたいんだ」「どのようにしたら，自分が描くライフデザインを実現できるのだろう……」「明日は朝から飛び込みだな。いやだな。また，課長に怒られそうだなあ」「でも仕方がない。明日もがんばるか」と逡巡しながら眠りにつきました。

みなさん，Aさん，Bさんを比較してみて，どのように感じたでしょうか？　大学時代は同じサークルで青春時代のある時期をともに過ごしたAさん，Bさんですが，このような大きな違いが生じてしまいました。この違いはどこから生じてしまったのでしょう。

Aさんは，大学時代から自分のライフデザインを描くことについてきちんと学び，考え，自分の言葉にして，周囲の人とも話し合いをしていました。就活や転職を検討する時期などのキャリアの節目で自分のキャリアに向き合い，キャリアを自ら切り開いてきました。

一方，Bさんは，自分のライフデザインを考えねばならない場面では，仕方なく場当たり的に向き合ってきましたが，ライフデザインを学び，考え，自分の言葉で表現する方法を身に着けてきませんでした。その結果，就活や転職を検討する時期などのキャリアの節目で自分のキャリアに向き合い，キャリアを自ら切り開くことができませんでした。

AさんBさんの次の5年後はどうなっていくのでしょうか？ Aさんは，今後も仕事，家庭，趣味，レジャー，地域活動など，それぞれの年代での役割を意識して時代の流れや変化に柔軟に対応しながら，Aさんならではのライフデザインを描いていくことでしょう。Bさんは，時代の流れや外部環境の変化などに翻弄されて場当たり的に対処しますが，いつも不安を抱えながら見通しのないキャリアを歩んでいるかもしれません。

1-1-6 ライフデザインのワークについて

ライフデザインは人それぞれですので，Aさん，Bさんのキャリアが良い，悪いとは言えないと思います。でも，大事なのは，自分でライフデザインを描いているのか，場当たり的にライフデザインを考えているのかの違いです。このワークブックでは，自分でライフデザインを描いていくためのツールを複数，用意しています。自分が取り組めるところからでいいです。このワークブックに取り組むことによって，自分でライフデザインしていく，その第一歩を踏み出すきっかけにしていただければ幸いです。

1-2 仕事に愛される人，愛されない人

"働く人（社会人）"とはサービスを受ける側ではなく，提供する側です。学生など若い人はこのことが実感できていないことがあります。企業の採用面接で「どうして応募したのか」と聞くと，「自分を成長させたい」「社会に貢献したい」という言葉をよく聞きますが，この答えに関心を持たない企業も多いです。企業はボランティアではなく，そのビジネスモデルに貢献してくれることを期待しています。企業で働く限り，このような人は仕事に愛されないでしょう。

ではどうすれば仕事に愛されるのでしょうか。「好きこそものの上手なれ」という言葉があります。ここではこの言葉から仕事を考えましょう。好きなことをそのまま仕事にできれば楽かもしれませんが，そんなことは可能なのでしょうか？

1-2-1 「好きこそものの上手なれ」とは「がんばれることを仕事にする」

好きなことばっかりでは仕事になりません。たとえばTVゲームをやるのが大好きだったとします。時間さえあればゲームをやっているから，「TVゲームをすること」を仕事にしよう。これは安易な結論で，危険です。TVゲームが好きというところから，自分が好きと言える仕事を探すにはもう少しステップが必要です（第8章，第9章参照）。

では，「好きこそものの上手なれ」は仕事選びでは間違った言葉なのでしょうか。いいえ，そうではありません。「好きだ」ということは，「がんばれる」ということなのです。この言葉の本当の意味は「がんばれることを仕事にする」なのです。

1-2-2 グローバルマーケットとテクノロジーイノベーション

世界のビジネスシーンでは「グローバルマーケット」と「テクノロジーイノベーション」の2つの柱が主流になっています。グローバルマーケットとは，働く人一人ひとりが世界中のライバルと戦う必要があるということです。たとえばプログラマー。今や海外のプログラマーが日本の仕事を受託しています。人件費の高い日本のプログラマーは，猛烈に技術力を高めてきている人件費の安いプログラマーと仕事の質で競わなければなりません。ほかにも，会計士や企業法務，マーケティング，商品企画といったプロフェッショナルな人たちは，優秀な外国人たちと競争する時代を生きることになるでしょう。

テクノロジーイノベーションとは，産業機械が隆盛し，一人の設計者に100人の職人が取って代わられたように，今はいつ自分の仕事がなくなってしまうかわからない時代です。私たちは，「自分の仕事はコンピュータに代替可能か？」と常に問い続けなければなりません。実際，創造性（creativity）のない，改新性（innovation）を伴わない仕事は，次々と"仕事"と呼べなくなってしまうでしょう。

つまり，とんでもない大競争時代に私たちは生まれてしまったのです。ライバルが大勢いるこの時代では，継続して新しいものを生み出し続けなければいけません。そこで私が考えるのは，「好きなこと（がんばれること）をやるしかない」ということです。「大競争時代だからこそ，好きを仕事に」するのです。夢中になればライバルの存在なんか忘れてしまう。「もっとカッコよく，もっと丁寧に」と自然に思うことができます。2000年も前の孔子の言葉ですが「好きなことを仕事にしたらいい。そうしたら一生働かなくてすむ」ということの重要性が今，非常に高まっているのです。つまり，仕事に愛されるコツは「仕事を愛する」ことなのです。

1-2-3 スローキャリアという選択も充実したキャリアの一つ

筆者の松本が大好きな言葉に「スローキャリア」があります。誰もが成功した起業家や企業で高い地位に就く人のようなわかりやすい成功のモデルを目指さなくてもいい……という考え方です。本当は人が何を重要だと感じ，人生の中で極大化したいかというのは自由に選択できるのです。つまり，人生には勝ち負けなど本当はないのです。自分の価値観や好きなこと，がんばれることを理解して，スローに生きるのもまた充実したキャリアの一つなのです。

1-2-4 最初の仕事はくじ引き？

「最初の仕事はくじ引きである。最初から適した仕事に就く確率は高くない。しかも，得るべきところを知り，向いた仕事に移れるようになるには数年を要する」。マネジメントの父と呼ばれる，故ドラッカー（P. F. Drucker）は著作の中でこのように述べています。どんなに「好きなこと」「がんばれること」を理解して天職に就いたつもりでも，やってみると何かと違うものです。そのような時は，最初の仕事は「次の仕事のための投資」と思いましょう。今の仕事は愛せなくても，そこから「学べること」を愛すれば次の投資で成功する確率が上がりま

す。できる限りの努力と目の前の仕事に真剣に向き合う姿勢があれば，あなたのキャリアはきっと充実するでしょう。

1-2-5　企業に愛されるのは【主体性】【協調性】【論理性】を兼ね備えた人材

この節の最後に企業に愛される人材について紹介しましょう。企業がほしいのは仕事ができる人です。それは多くの場合「主体性」「協調性」「論理性」を兼ね備えた人です。中でも「自分で考えて行動し，責任を持つ」という「主体性」は重要です。これまでの学業，アルバイト（前職），サークル，友達関係……どんな些細なことでも，そこに主体的に取り組んだかどうかを企業は見ています。

主体性のない人は，すぐに「できない理由」を見つけます。「○○だからしょうがない」という感じです。企業が嫌がる態度です。主体性のある人は「どうやったらできるだろうか？」と考えています。仕事で成果を出すことが自分の責任だと感じているからです。

ある上場企業の役員の方と食事をしていた時のこと。「私は最終面接で苦労話を聞きますね。苦労話がある人は，もうそれだけで即採用しちゃいます」なぜでしょうか？　それは，苦労話を話せる人は主体性がある人だからです。逆に言うと，主体性のない人には苦労話はできないのです。「苦労は金を出してでも買え」は本当です。よく覚えておいてください。

企業が求める協調性はビジネスの場面での協調性です。価値観が合わない人とどうやって一緒に物事を進めてきたか，という話が聞きたいのです。真の協調性を高める方法の一つがグループワークです。価値観，モチベーションを感じるポイントが自分と他人で如何に違うか，体験することをオススメします。「自分は，自分固有の考えをしている」と自覚することから，質の高い協調性は始まるのです。

論理性が高い人は観察していればすぐにわかります。相手に合わせて話せる人，整理して伝えられる人，話が飛ばない人，わかりやすいように話せる人，がそれです。その多くはビジネスコミュニケーションも問題解決も上手です。つまり仕事ができるということです。論理的思考力のベースは"考え抜く"ことです。"考える"ことは誰でもできますが，"考え抜く"ことができる人はそう多くはいません。覚えておいてください。

1-3　自分らしいキャリア探索とは？

日本社会の中では「キャリアアップ」や「キャリア採用」という表現などもまだまだ多く見かけますが，「キャリア」とは本質的にはどのような意味が含まれた言葉なのでしょうか？　キャリア（career）という言葉は，一般的には経歴，職歴，昇進，職務，進路，専門性などとイメージされることが多いようですが，実際には多様な意味を含んでいます。キャリアに関する理論や研究では，人と環境との相互作用の結果であり，端的には「人生における様々な役割や選択と適応の連鎖」とも言われています。時間的な流れと空間的な広がりの中で個別に発達し

ていくものであるとも説明されています。

つまり、キャリアとは一定時期の特定業務や立場のみを表す言葉ではなく、「生涯を通した人の生き方や表現」といった広い意味を含んだ言葉として理解することが重要なのです。一人ひとりに固有な「キャリア」があり、それは生涯を通して変化や発達していくものであると理解してください。キャリアにはアップもダウンもありません。良い悪いと簡単に判断することはできず、もし何らかの判断をするにしても、それは当人だけができることなのです。

キャリアという言葉はこのようにとても幅が広いものなので多くの理論（考える手がかり）があります。ここでは、外的キャリア−内的キャリアという視点であなたらしいキャリアの考え方を紹介しましょう。

1-3-1　外的キャリアと内的キャリア

アメリカの組織心理学者シャイン（E. H. Schein）は、キャリアを「外的キャリア」「内的キャリア」という2つに分けて説明しています（図1-1）。履歴書や職務経歴書などに記される仕事内容、実績や地位など客観的な側面を示しているものが「外的キャリア」であり、自己の仕事に対する意欲、達成感や充実感、使命感など主観的な心理状態を示しているものが「内的キャリア」です。外的キャリアと内的キャリア、キャリアについて考える際のわかりやすい指標にもなりますね。

図1-1　外的キャリアと内的キャリア

1-3-2　外的キャリアだけのCさん

では、この外的キャリアと内的キャリア、もしどちらかだけに重きをおくと、どのようになってしまうのでしょうか。

外的キャリアのみに重きをおいてきた方をCさんとしましょう。

Cさんは、40歳前後のミドル層の方だと想像してください。働きはじめて約20年。とある会社に入ったAさんは営業部に配属され、子会社への出向なども経ながら一貫して営業職として歩んできました。与えられた場所で上司との関係性を築き、顧客に対する提案やフォローを考え続け、IT化の波にも何とか遅れずに対応してきました。このCさんが語るキャリアは以下のようなものかもしれません。「営業部に配属され、一貫して同じ商品群を担当してい

す。昇級などは標準的なタイミングですね。同期の中でもごく普通のポジションです。確か7年目くらいにリーダーになりましたが，主任になったのは30歳を超えてからです。会社の事情により，数年間営業支援を請け負う子会社に出向しましたが，そこでは課長職をさせてもらいました。そういえば，一度個人成績で社長賞を取ったことがあります」

このCさんが，もし急激な変化にあい大きな決断をしなければいけなくなったり，転身を余儀なくされるような局面になった場合は，どうなるのでしょうか。一つの企業で懸命に誠実に仕事を遂行し，組織に適応してきたCさんですが，自分自身について考えるような機会はこれまではなかったと思われます。働く上での条件的なことはリストアップできるかもしれませんが，自分なりの内的基準は不明瞭もしくは曖昧なままではないでしょうか。大きな決断の必要性や転身の可能性に直面し，理不尽さや不安や怒りを感じ，とまどうばかりかもしれません。

1-3-3　内的キャリアだけのDさん

次に，内的キャリアのみに重きをおいてきた方をDさんとしましょう。

Dさんは，20歳代半ば，実家暮らしで現在はアルバイトをしている方だと想像してください。大学卒業時に「好きなことを仕事にすればいい，焦らなくてもいい」という親の言葉があり，ゆっくりと検討することにしました。学生時代からのアルバイトを継続し，そのまま何年か過ぎていました。社会のためになることをしたいし自分の生活も大切にしたい，誰にでもできることではなく何か自分だからこそできる仕事に就きたい，という思いは強く持っています。資格取得もいいなと，いくつか目についた資料は取り寄せましたが，社会保険労務士やFP（ファイナンシャルプランナー），英語関係のものなどどれもぴんと来ず，結局は情報収集をしただけで終わっていました。最近，親との関係も少しぎくしゃくし，「このままではまずいのでは，これから自分はどうすればいいのだろう……」と，漠然とした焦りや不安を感じることが多くなりました。

このDさんは，自身の内的キャリアは大切にしたいと強く願っているようですが，具体性に欠けています。また，外的キャリア・内的キャリアの両面につながるような多様な経験ができていないままです。自分の思いが空回りしているような状態が続いているようです。

1-3-4　CさんとDさんを比べてみると……

CさんとDさんの2つの事例は，いかがでしたか。どちらの事例からもとまどいや手詰まり感が感じられ，将来の自分が見えない様子です。つまり，自分らしいキャリア探索のためには，外的キャリアだけ，内的キャリアだけ，ではないのです。外的キャリアと内的キャリアは，それぞれが影響を与えあっています。両方を豊かに育てていくことが自分らしいキャリア探索につながっていくことを，ぜひ意識し続けてください。

1-3-5 キャリア探索のための3つの視点

それでは、外的キャリアと内的キャリアを共に豊かに育てていくためにも、私たちはどのようにキャリアを探索していけばいいのでしょうか。決断や選択をし、行動していくためには、どのような視点や切り口が手がかりになるのでしょうか。

ここでは、一般的によく活用されている3つの視点を紹介します。「Will（関心のあること、大切にしていること）」と「Can（できること、得意なこと）」と「Must（期待されていること、求められていること）」の3つです（図1-2）。これらははっきりと区別できるわけではなく、深く関連しあっていると考えられます。では、それぞれの認識をどのように深めていくといいのでしょうか。

最初に「Will」について考えてみましょう。自分が関心のあることや大切にしていることです。興味や価値観という言葉にもなるでしょう。どのような対象や方向性、領域に自分の心が向いているのか、どのようなことを大切にしているのか、どのようなことが好きなのか、などへの自分なりの答えとも言えます。なお、興味や価値観は人が何かの活動や行動をすることで、"これは好きだ、これはそうでもない"と区別することから始まり、徐々に内面で育っていくものと考えられます。つまり、何気ない日常の活動や行動をふりかえることで、見えてくることが多々あります。たとえば、自分は自由な時間に何をしているか、どのような活動をしがちであるか、活動の中で特に印象に残っていることは何かなど、自分に問いかけてみてください。

次に「Can」。自分ができることや得意なことです。能力や持ち味・強みとも言えます。「Will」同様、まずはこれまでの経験をふりかえってみてください。自分が色々な場所、たとえば学校、アルバイト先、会社、家庭、地域、趣味や学習の場で、どのようなことをしてきたのかを細かく思い出してみましょう。たとえば、アルバイトで「事務の補助」をした経験がある場合は、さらに細かい単位まで書き出してみるのです。たとえば「Excelを使った月次の数字

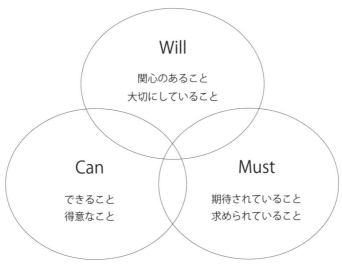

図1-2　キャリア探索の3つの視点

入力，請求書の出力と封入，回覧文書の整理，メールでの定型的な返信対応，ワード文章の修正，書類のファイリング」のように，客観的に言語化してください。それに加えて，「心がけていたことや工夫したこと」なども思い出してみましょう。こうしたふりかえりを進めることで，たとえば「アルバイト先では笑顔を心がけていた，基本的なパソコン業務はできるし周りの人に教えることもあった，作業が正確で速いと褒められたこともあった」など，結果として身に着いた能力や強みが整理されていきます。これらは今後にも活かせる自分の資源となります。

最後に「Must」。期待されていることや求められていること，すべきことなどです。たとえば，自分をとりまく家族や人間関係の中で，地域社会や会社組織などの中で，担っている役割やそこで期待されていることはどのようなことでしょうか。担当している業務や立場には，求められていることややるべきこともあるはずです。自分の周囲に目を向けて，自分に対する期待を客観的に考え整理することも，自分のキャリアを探索する際には重要な視点になることを忘れないでください。

この3つの視点からじっくりと自分をとらえていくことで，自分なりの基準や軸が見えてくるでしょう。その基準や軸は，節目ごとにあなたが選択や意思決定をする際の指標になってくれることでしょう。こうしたプロセスを丁寧に進めていくことが，自分らしいキャリア探索になると本書では考えています。最終的な納得感や満足感・幸福感は，一人ひとり固有のものです。個々に考え・感じ・行動するなかで，各人がつかんでいくしかないものとも言えます。勇気を持って自分なりに歩み，自分にとってのキャリア探索をどうか大いに楽しんでください。

1-4 充実したキャリアの方程式

実は心理学には古くから確立されたある絶対的な方程式があります。それは「やる気（動機づけ）の方程式」と呼ばれるものです。「やる気がでない」と悩んだこと，あなたも経験があるのではないでしょうか。ここではこの方程式から充実したキャリアの作り方を考えてみましょう。

1-4-1 やる気の方程式

まず，やる気の方程式を紹介しましょう。これは「動機づけの期待価値理論」と呼ばれているものです（杉山，2015）。図1-3のように「達成期待度（自分はできるという期待）」「誘因（できたことで手に入るもの）の魅力」そして「欲求（何かが欲しい，何かが足りない，という意志）の強さ」の掛け算でやる気の大きさが決まります。掛け算なので一つでも「0」だとやる

$$やる気の大きさ = 達成期待度 \times 誘因の魅力 \times 欲求の強さ$$

図1-3 やる気の方程式

気も「0」です。私たちが「やる気が出ない」と悩む時は，このどこかが「0」になっている時です。

「1-2」で「仕事を愛すること」「好きこそものの上手なれ」を紹介しましたが，多くの場合でこの背景にはこの3要素の充実があります。たとえば「得意だから，（この仕事が）好き」は達成期待度の充実，「給料がよいから，喜んでもらえるから，好き」は誘因の充実，「自分の価値観に合うことが実現できるから，好き」は欲求の充実と言うことができます。3要素が全て充実した時にやる気がマックスになることは，あなたもこれまでの経験から実感できることでしょう。

充実したキャリアとは何か……と問われると多くの答えがありえます。しかし，「なんだかやる気が出ない」「いつもなんだか物足りない」と思いながら日々を過ごすのは，多くの場合で「充実していないキャリア」と感じられるのではないでしょうか。やる気の方程式の各要素が充実した人生を作ることは，充実した人生の十分条件ではないかもしれません。しかし，必要条件の一つになると筆者の杉山は考えています。

1-4-2　やる気の方程式と充実したキャリア

たとえば，EさんはとてもЋ能力が高くて語学でもPCスキルでも仕事で必要なことはほぼ何でもできる人です。本当は世界と世界をつなぐ貿易の仕事に就きたかったのですが，安定を強く望む親の希望で地方の公務員になりました。達成期待度は高いのですが，「世界をつなぐ」という目標（欲求の充足）とも，「世界に触れる」という喜び（誘因）ともかけ離れた仕事を日々やるなかで「何のために働いているのだろう……」と悩むようになってしまいました。

逆にFさんは語学力が未熟でしたが，「世界に触れる」「世界をつなぐ」ことへの高い意欲を評価されて，貿易の仕事を任されました。語学力はメキメキと伸びて業績も上がり，現地支店を任されるまでになりました。

このように何かが「0」になってしまうと，私たちは意欲を失い自分の存在意義に悩んでしまいやすいのです。3要素のどこも「0」にしない生き方を設計することが大切です。

1-4-3　達成期待度は経験に，誘因は環境に，欲求は魂に存在する

では，3要素はそれぞれどこに存在するのでしょうか。達成期待度の多くは持って生まれた才能が経験によって磨かれたものです。第4章では「タイプ」，第8章では「強み」として紹介されています。ワークを通して「何ができるのか」発見してくださいね。

誘因は環境に存在します。何らかの行動によって，その誘因が得られる環境が大切なのです。環境は第9章では「企業風土・企業文化」として紹介しています。第8章で紹介しているビジネスモデルもその一つと言えます。何があなたの誘因になるのか，探してくださいね。

欲求はあなたの魂とも言える価値観の中に存在します。第9章では「人生のテーマ」として紹介しています。人生のテーマは多岐にわたるので複雑ですが，本書では発見の手がかりとし

て第3章のキャリア・アンカーを紹介しています。

　各章のツールやワークを通して，あなたのキャリアを充実させる3要素として何を大切にすればよいのか探してください。そして，それが実現できそうな仕事（業界や企業）を見つけたら，第10章で紹介されているプロの就職活動，転職活動の技術を活かして，望みどおりの会社に入れることを目指しましょう。

　なお，ここまで紹介してきたツールやワークは基本的には生涯を通じて大切にする3要素を発見するものでした。第6章で紹介しているライフ-キャリア・レインボーとライフ・ロールは人生の展開の中で変化してくる環境と欲求を複合させて検討するものです。人生は一つの大きな筋書きがあると充実しやすいものですが，人はとても多面的な存在です（第6章参照）。その時々で別の筋書きを生きなければならない時もあります。第6章の観点も大切にしてください。

1-4-4　キャリアを考える，または見直す糸口は……

　キャリア形成のプロセスは多くの場合，自己理解，仕事理解，啓発的体験……の順番で進むと言われています。自己理解の最初のツールとしては第2章で紹介しているジョハリの窓がいいと言われています。

　また，設計したキャリアデザインが思い通りに展開しないということもあります。ドラッカー（1-2-4参照）の言葉ではありませんが，ほとんどの人が最初はうまくいきません。そのような時は，第5章で紹介するレジリエンスを参考にしてください。困難の乗り越え方が見えてくるでしょう。また，ジョハリの窓はキャリアデザインを見直すときにも有効なツールです。

　このように本書にはあなたの人生を輝かせるツールが詰まっています。本書を人生を一緒に歩む友として，節目節目でキャリアのリデザイン（再設計）をする時にお役立ててもらえたら嬉しいです。

文　献

Drucker, P. F. (1990). *Managing the non-profit organization: Principles and practices*. HarperCollins.（上田惇生（訳）（2007）．ドラッカー名著集4　非営利組織の経営　ダイヤモンド社）
Schein, E. H. (1978). *Career dynamics: Matching individual and organizational needs*. Addison-Wesley.（二村敏子・三善勝代（訳）（1991）．キャリア・ダイナミクス―キャリアとは，生涯を通しての人間の生き方・表現である．―白桃書房）
Hansen, L. S. (1997). *Integrative life planning: Critical tasks for career development and changing life patterns*. Jossey-Bass.（平木典子・今野能志・今野能志・横山哲夫（監訳）　乙須敏紀（訳）（2013）．キャリア開発と統合的ライフ・プランニング―不確実な今を生きる6つの重要課題―　福村出版）
杉山　崇（編）（2015）．入門！産業社会心理学　北樹出版
高橋俊介（2006）．スローキャリア　PHP研究所

2 ジョハリの窓：「私の知らない私」

2-1　はじめに

　この章では，自分に対する認識を深めていきましょう。

　そもそも自分とは何でしょうか？　自分が考えていることや行動に移していることはもちろん，自分が他の人にどのように映っているのか，自分は他の人にどのような期待をされているのかなど，自分自身では気づきにくい部分も含めて様々な自分が融合しているのではないでしょうか。

　自分を知る方法は，いくつもあります。たとえば，自分自身を見つめ，これまでの自分をふりかえることで，自分らしさや興味・関心，強み，価値観などを認識することもできるでしょう。ただし，「あなたの持ち味は？　強みは？」という問いかけへの回答は，実は非常に難しいものです。そうした問いかけに全く答えることができない場合もあれば，答えられても短所ばかりであったり，単語や形容詞など断片的な表現で終わってしまうという場合もあるのではないでしょうか。

　そこで，自分の持ち味や強みを含めた自己像に対する認識を深めるために，ここでは「ジョハリの窓」の考え方を紹介します。これは，アメリカの心理学者ジョセフ・ラフト（Joseph Luft）氏とハリー・インガム（Harry Ingham）氏が1950年代に共同で考案した人間関係モデルであり，二人の名前を取って「ジョハリの窓」と言います。

2-2　ジョハリの窓とは

　「ジョハリの窓」の考え方では，一人の人間の心の中を他者との関係から4つに分けて図2-1のようにあらわしています。どのようにしてこの図が作られているのか，順番に説明します。

　まず，横軸では，自分について考えます。私たちは，自分で自分を見た場合，自分が「知っている」部分と「知らない」部分があるのではないでしょうか。「知っている部分」とは，自分の態度や行動の仕方，考え，気分や感情，動機や欲求などです。たとえば，新たな勉強を始める時，ある人は新たな教科書を購入するために書店に行き購入する時に気持ちの高まりを感

		自分が	
		知っている	知らない
他者に	知られている	**Ⅰ：開かれた領域** （Open/Free Area） 自分も知っているし， 他者にも知られている	**Ⅱ：気づいていない領域** （Blind Area） 自分は知らないが， 他者は知っている
	知られていない	**Ⅲ：隠している領域** （Hidden Area） 自分は知っているが， 他者には知られていない	**Ⅳ：未知の領域** （Unknown Area） 自分も知らないし， 他者にも知られていない

図 2-1　ジョハリの窓（Luft & Ingham, 1961 をもとに筆者作成）

じていたとすれば，それは全て「知っている」部分かもしれません。ただし，他者からはどのように見えていたのかはわかりませんし，新たな勉強に対する認識についてもまだ自分自身が「知らない」部分も多分にあったのではないかと考えられます。私たちの中には自分が「知っている」部分と「知らない」部分の両方があるのです。

次に，縦軸では，他者について考えます。他者との関係でも自分自身についての認識と同様で，他者から「知られている」部分と「知られていない」部分があります。「知られている」部分とは，態度や行動，発言や表情など私たちが発する様々なサインにより他者にも届いているものです。一方，私たちが心の中だけで秘めていることやあえて隠していることなど，「知られていない」部分もあります。

このように横軸と縦軸の2つの軸から，自分と他者がかかわっている時の状態を4つの領域に分けて考えることができるのです。4つの領域にはそれぞれ名前も付けられています。

Ⅰ：開かれた領域（Open/Free Area）

「自分も知っているし，他者にも知られている」領域です。自分にも他者にも互いによくわかりあっている部分と言えるでしょう。

たとえば，親しい友人とは名前はもちろん年齢や現在の立場や所属先，住んでいる場所や連絡先，本人も他者も知っている性格傾向や行動パターンなど様々なことが共有されているとしたら，それは全て「開かれた領域」としてとらえることができます。親しい友人との開かれた領域は広いものの，知り合い程度の人とは開かれた領域がまだわずかしかないという場合もあるでしょう。

Ⅱ：気づいていない領域（Blind Area）

「自分は知らないが，他者は知っている」領域です。自分は気づいていないものの，他者には見えている，知られている，わかっている部分とも言えるでしょう。

たとえば，緊張した時に目線が泳いだり，話すときについ手を鼻にあててしまっていたり，いつも少し猫背になっていたり，当人はまったく気づかずにやっているものの他者から見るとよくわかる部分があれば，これはまさに行動面での「気づいていない領域」であると言えます。目に見えない意識面にも，当人固有の考え方やがんこさ，価値観など，当人に自覚はないものの他者には伝わってしまう部分があるでしょう。本人には自覚がないまま威張り散らしたり，自己否定しすぎているなどの表現にあらわれていることもあります。このような側面は，他者から伝えてもらわないと，なかなか当人にはわからないものです。

Ⅲ：隠している領域（Hidden Area）

「自分は知っているが，他者には知られていない」領域です。自分ではわかっていたり，気づいているものの，他者には知られていない部分です。私たちの考えることや感じていることのうち，この領域にあてはまる部分はたくさんあるのではないでしょうか。

たとえば，他者との関係で考えたことや感じたことは全てを発信するわけではないと思います。特に，どちらかと言えばよくない思考や感情がわきあがってきた際には，それを露骨に出すことは少なく，あたりさわりのない態度や言葉で済ませてしまう場合も多いと思います。当然ながら相手にもこちら側の本当の思考や感情は伝わることがなく，何も気づかずに何気なく別れていくことになります。つまり，社会生活の中では往々にして起きている他者との関係とも言えます。

また，伝えたいものの，その他者との関係性やその場の状況を考えて躊躇してしまう場合もあるかもしれません。効果的な伝え方がわからないため，結果として伝えきれない場合もあるかもしれません。こうした場合も全て，結果としては相手にはこちらで考えていることや感じたことは伝わらないため，知られないことになります。

Ⅳ：未知の領域（Unknown Area）

「自分も知らないし，他者にも知られていない」領域です。ここは，自分にもわからないし，他者にも知られていない部分です。私たちはつまるところ，どのように時間をかけても，どのような方法を使っても，自分にも他者にもわからない部分があるということです。無意識の部分とも言えます。無意識は自身の思考や感情，行動，他者との関係性の中でふいに影響を及ぼしてくることもあります。

この「未知」という表現にはその人なりに色々なイメージがわくかもしれませんが，自分の可能性が含まれている領域とも考えられるのではないでしょうか。

2-3　ジョハリの窓を応用した自己認識が重要なワケ

ここまで「ジョハリの窓」での4つの領域について理解を深めてきました。実際には，様々な対人関係の中で，一人ひとりの心の中で4つの領域が都度動いているようなイメージを持ってください。それでは，この図で考えると，どのような状態が望ましい状態なのでしょうか。

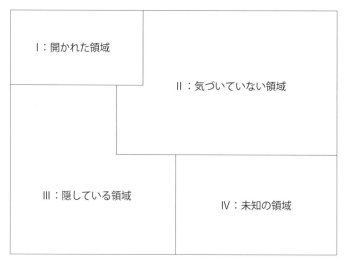

図 2-2 「開かれた領域」が狭い例

　たとえば，図 2-2 を見てください。「気づいていない領域」や「隠している領域」が広く，「開かれた領域」が狭い状態となっています。他者に隠している部分や自分で気づいていない部分がたくさんあり，自分と他者がお互いに共有・理解しあえている部分がとても少ないことを意味しています。他者と深いかかわりがないまま，自分だけの枠組みに閉じこもり，自己認識が深まらない状態とも言えるでしょう。

　それでは，どうすればいいのか。一つの考え方は「開かれた領域」を広げていくことと言えます。この領域が広がっていくということは，自分と他者の深い理解が進み，結果として「未知の領域」から自身に対する新たな可能性や潜在能力が発見されることにもつながっていくと考えられます。

　そのためにまず大切なのは，「自己開示」と言われています。図 2-3 の，「開かれた領域」から「隠している領域」に伸びている矢印のことです。自分が相手に対して隠している部分を広げること，つまり相手に知らせていくことです。相手にとっては，知らなかった部分が減少していくことになります。自己開示とは，自分の態度や行動の仕方，考え，気分や感情，動機や欲求などについて，相手に知らせていくことです。自己開示という言葉からは，過去の辛い経験や秘密などを打ち明けるようなイメージを描いてしまう方もいるかもしれませんが，唐突に重いテーマを自己開示していくことで，むしろ信頼関係が壊れてしまうことも考えられます。お互いの関係性の中で，状況や必要に応じて伝えていくことが大切です。

　次に，適切な自己開示が行われることで，「フィードバック」を受けとることができ，結果として自分が気づいていない領域が減っていきます。図 2-3 の「開かれた領域」から「気づいていない領域」に伸びている矢印のことです。フィードバックとは，相手の態度や行動，思考や感情などについて，見えたことや聞こえたこと感じたことなどを相手にできるだけ具体的に伝えていくことです。私たちは自分では気づかずにいる言動や態度がたくさんあり，他者にはそ

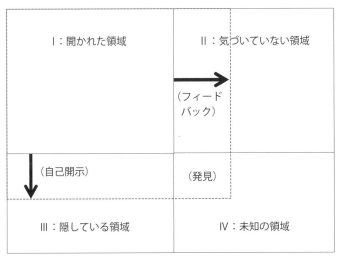

図 2-3 「自己開示」と「フィードバック」

れがよく見えていたり，自分自身が気づかないうちに相手に様々な影響を与えているものです。そのような他者だからこそ知っていることを，率直に伝えてもらうことがフィードバックです。なお，フィードバックには良いとか悪いといった評価は含まれていません。非難や攻撃などでもありません。判断や評価をすることができるのは，フィードバックをもらった本人だけであることを忘れてはいけません。

このように，「ジョハリの窓」では対人関係で自己開示とフィードバックというプロセスを経て，自分の「気づいていない領域」が狭まり「開かれた領域」が広がることで，「未知の領域」から新たな発見が見出せると考えられています。こうした対人関係を通した心の成長プロセスを理解しておくことは，自己認識を深め自分らしいキャリアを探索していく際の，大きなヒントになると考えられます。

なお，ジョハリの窓について，全ての人に対して常に「開かれた領域」を広げていく必要はないということも覚えておいてください。ここでの人とのかかわりは表面的なレベルで十分だ，という状況や心境の時も多々あるでしょう。あえて隠している領域を広くしている時間だってあるでしょう。その場の状況や自分の状態に応じて，判断していくことも大切です。

2-4　ジョハリの窓ワーク

　この章では，ジョハリの窓での考え方を応用して，自分が知っている自分と自分が知らない自分の両面から自己認識を深めましょう。自分について改めて広くとらえていくためのワークシートを2種類紹介します。

　1つ目のワークシートは，自分について，他者の視点も含めながら一人で検討する内容です。2つ目のワークシートは，自分で考えることと他者に協力してもらうことの両面から，自分に

ついて検討する内容です。2つ目のワークシートは一人で使用することも可能ですが，できれば協力者を見つけることをお勧めします。もし一人で実施する場合は自分を客観視する姿勢でお使いください。

記入・回答のポイント1：自分について率直に記入・回答する（ワークシート1, 2）

記入・回答に良い・悪いなどはありません。また，「こうありたい」「こうあるべし」「理想の自分」などの記入・回答を求めているわけではありません。普段の自分はどうだろうかと，率直に記入や回答を進めてください。

記入・回答のポイント2：他者に回答をお願いする（ワークシート2）

友人や家族，先生，上司・先輩など，あなたにとって身近にいて，信頼できる他者に記入・回答をお願いしてください。その際には，良い・悪いなど評価を求めているわけではなく，あなたについて率直に感じたことを聞かせてもらいたいと伝えてください。あなた自身の認識を深めるため，つまり今後のあなたにとっての自己成長のための依頼であることを，理解してもらってください。

2-5　ワークシート①「自分とは？（様々な視点から見た自分）」：記入の方法

あなたの「第一印象」「持ち味（強みや課題）」「性格傾向」「得意なこと・苦手なこと」について，考えていきます。「自分」は自分をどうとらえているかを記入した後に，「親しい友人」と「家族，先生，上司・後輩など」からはどう見えているかを想像して記入します。

最後に，「様々な視点から見た自分」に記入した内容をふりかえり，あらためて考えたり感じたこと，気づいたことなどを記入します。

ワークシート① 様々な視点から見た自分

	「自分」は自分を どう見ているか？	「親しい友人」からは どう見えているか？	「家族，先生，上司・先輩など」 からはどう見えているか？
第一印象			
持ち味 （強みや課題）			
性格傾向			
得意なこと 苦手なこと			

↓

「様々な視点から見た自分」からの気づきは？

2-6　ワークシート②「私のジョハリの窓」：回答の方法

　シート②-1内の1から30までの項目を読み，まず自分によくあてはまる，特にあてはまるという項目を7つ選び，○印をつけていきます。その後，自分以外の人1〜2名に同様のことを依頼します。それぞれの結果は，「他者1」「他者2」の欄に記載していきます。なお，1から30までの項目以外の表現を使いたい場合は，31, 32の自由記入欄を使用してください。

　次に，自分がつけた○と他者がつけた○を比較します。自分と他者の両方共に○をつけた項目は「Ⅰ（開かれた領域）」に，他者だけが○をつけた項目は「Ⅱ（気づいていない領域）」に，自分だけが○をつけた項目は「Ⅲ（隠している領域）」に，○印がない項目は「Ⅳ（未知の領域）」に，それぞれ○をします。Ⅰ〜Ⅲに○がついた項目はワークシート②-2に転記します。Ⅳに○がついた項目は，参考としてとらえてください。転記は不要です。

　最後に，「私のジョハリの窓　結果」からの気づきを記入します。

ワークシート②-1　私のジョハリの窓

	自分	他者1 （　　）	他者2 （　　）	どの領域に あてはまるか？
1. 粘り強い				Ⅰ・Ⅱ・Ⅲ・Ⅳ
2. 黙々と努力する				Ⅰ・Ⅱ・Ⅲ・Ⅳ
3. 自分の感情をコントロールする				Ⅰ・Ⅱ・Ⅲ・Ⅳ
4. 目標を定めそれを追い求める				Ⅰ・Ⅱ・Ⅲ・Ⅳ
5. 他者の喜びに共感する				Ⅰ・Ⅱ・Ⅲ・Ⅳ
6. 他者の悩みに共感する				Ⅰ・Ⅱ・Ⅲ・Ⅳ
7. 相手の感情を認識して配慮する				Ⅰ・Ⅱ・Ⅲ・Ⅳ
8. 困っている人の手助けをする				Ⅰ・Ⅱ・Ⅲ・Ⅳ
9. 他者の能力を引き出す				Ⅰ・Ⅱ・Ⅲ・Ⅳ
10. 適切な人づきあいができる				Ⅰ・Ⅱ・Ⅲ・Ⅳ
11. 必要な時は他者の協力を得る				Ⅰ・Ⅱ・Ⅲ・Ⅳ
12. 状況に応じた判断ができる				Ⅰ・Ⅱ・Ⅲ・Ⅳ
13. 楽観的				Ⅰ・Ⅱ・Ⅲ・Ⅳ
14. 場の空気を読む				Ⅰ・Ⅱ・Ⅲ・Ⅳ
15. リーダーシップを発揮する				Ⅰ・Ⅱ・Ⅲ・Ⅳ
16. 危機管理に長けている				Ⅰ・Ⅱ・Ⅲ・Ⅳ
17. 機転が利く				Ⅰ・Ⅱ・Ⅲ・Ⅳ
18. 思いやりがある				Ⅰ・Ⅱ・Ⅲ・Ⅳ
19. 冷静				Ⅰ・Ⅱ・Ⅲ・Ⅳ

20. 表情が豊か				Ⅰ・Ⅱ・Ⅲ・Ⅳ
21. 優しい				Ⅰ・Ⅱ・Ⅲ・Ⅳ
22. 明るい				Ⅰ・Ⅱ・Ⅲ・Ⅳ
23. 慎重				Ⅰ・Ⅱ・Ⅲ・Ⅳ
24. 論理的				Ⅰ・Ⅱ・Ⅲ・Ⅳ
25. 公平性を大切にする				Ⅰ・Ⅱ・Ⅲ・Ⅳ
26. 直観を大切にする				Ⅰ・Ⅱ・Ⅲ・Ⅳ
27. 事実を大切にする				Ⅰ・Ⅱ・Ⅲ・Ⅳ
28. 協調性がある				Ⅰ・Ⅱ・Ⅲ・Ⅳ
29. 責任感がある				Ⅰ・Ⅱ・Ⅲ・Ⅳ
30. 正義感が強い				Ⅰ・Ⅱ・Ⅲ・Ⅳ
31.（自由記入欄）				Ⅰ・Ⅱ・Ⅲ・Ⅳ
32.（自由記入欄）				Ⅰ・Ⅱ・Ⅲ・Ⅳ

ワークシート②-2　私のジョハリの窓　結果

		自分が	
		知っている	知らない
他者に	知られている	Ⅰ：開かれた領域	Ⅱ：気づいていない領域
	知られていない	Ⅲ：隠している領域	Ⅳ：未知の領域 ＊この欄には転記不要

「私のジョハリの窓　結果」からの気づきは？

2-7 自分がわからない……就活で自己分析にとまどう学生の事例

さて，今回の2種類のシートから何がわかるのでしょうか？

自分と自分以外の視点から自分を見つめることで，自己認識が深まります。そこからは，様々な自分らしさや自己像，持ち味や強み，性格傾向などが見出せるのではないでしょうか。今後の自分らしいキャリア探索をする際の土台や基準，手がかりにもなることでしょう。

ここではまず，就活を始める時期になったものの自己分析にとまどう大学生を例に考えてみましょう。

就職を始める時期となり，ある学生さんは就職ガイダンスで企業研究と自己分析の両面が重要であると知りました。企業研究については，キャリアセンターなどにある情報や先輩からの情報を元に，少しずつ理解を進めることで手ごたえを感じていました。もともと子供のころから社会科が好きだったこともあり，わかりやすい本や情報源を参考に社会のことや企業の仕組みを知ることを純粋に楽しみ，着々と進めていきました。

その反面，自己分析についてはとまどいを感じ，なかなか進めることができない様子でした。「自己分析ってどうやるのだろうか，自分のことは自分で考えるしかないのだろうか，何をどうすればいいのだろうか……」と，とまどう気持ちが長く続いていました。

こうした状況の中，この学生さんはワークシート①に取り組み，表2-1のような結果となりました。

自分が見た自分については，第一印象は「やさしそう？ おとなしそう？」，持ち味（強みや課題）は迷ったまま記入できず，性格傾向は「真面目」，得意なこと・苦手なことは「本を読むことは得意」「人前での発表は苦手」とのことでした。また，親しい友人からはどう見えているかについては「わからない，言葉にするのは難しい」と記入できず，家族からについても「聞いたことがないのでよくわからない」とのことでした。ただし，「がんこな性格だね」と以前言

表2-1 就活で自己分析にとまどう大学生の事例（ワークシート①）

	「自分」は自分をどう見ているか？	「親しい友人」からはどう見えているか？	「家族，先生，上司・先輩など」からはどう見えているか？
第一印象	やさしそう？ おとなしそう？	？	？
持ち味 （強みや課題）	？	？	？
性格傾向	真面目	？	頑固なところもある
得意なこと 苦手なこと	本を読むことは得意 人前での発表は苦手	？	早起きは苦手

われたことや「早起きは苦手」だと思われていることは思い出して記入していました。この学生さんは，この「様々な視点から見た自分」から「自分についてよく理解できていない自分がいることがよくわかった。特に，他者からどのように見えているか考えたことがなかった」ということに気づきました。

そのため，他者とのかかわりの中から自分をもっと探索するために，ワークシート②にも取り組みました。自分以外では親しい友人と母親に回答してもらい，その結果を表2-2に集約し，表2-3を完成させました。

この結果から，この方は「開かれた領域」の「慎重，優しい，協調性がある，必要な時は他者の協力を得る」にまず注目しました。その結果から，「慎重なところや優しい雰囲気がある。協調性もあり，必要な時には他者の協力を求めたり得ることができる」という自他ともに認める自己像があることをあらためて理解することができました。

次に，「気づいていない領域」の結果である「粘り強い，自分の感情をコントロールする，思いやりがある，他者の喜びに共感する，場の空気を読む，正義感が強い」からは，「他者からはこのように見えるんだなと刺激になった。特に，思いやりがあり他者の喜びに共感することや，場の空気を読み，正義感が強いと思われていることは嬉しい。これまで意識していなかったけど，これらも自分の強みと言っていいのかも」と気づきが深まっていました。

最後に，「隠している領域」の結果である「黙々と努力する，責任感がある，相手の感情を認識して配慮する」からは，「確かに自分は黙々と人に言わずに努力する傾向があるし，やるとき

表2-2 就活で自己分析にとまどう大学生の事例（ワークシート②-1）

	自分	他者1 （友人）	他者2 （母親）	どの領域に あてはまるか？
1. 粘り強い		○	○	Ⅰ・Ⅱ・Ⅲ・Ⅳ
2. 黙々と努力する	○			Ⅰ・Ⅱ・Ⅲ・Ⅳ
3. 自分の感情をコントロールする			○	Ⅰ・Ⅱ・Ⅲ・Ⅳ
5. 他者の喜びに共感する		○		Ⅰ・Ⅱ・Ⅲ・Ⅳ
7. 相手の感情を認識して配慮する	○			Ⅰ・Ⅱ・Ⅲ・Ⅳ
11. 必要な時は他者の協力を得る	○		○	Ⅰ・Ⅱ・Ⅲ・Ⅳ
14. 場の空気を読む			○	Ⅰ・Ⅱ・Ⅲ・Ⅳ
18. 思いやりがある		○		Ⅰ・Ⅱ・Ⅲ・Ⅳ
21. 優しい	○	○		Ⅰ・Ⅱ・Ⅲ・Ⅳ
23. 慎重	○		○	Ⅰ・Ⅱ・Ⅲ・Ⅳ
28. 協調性がある	○	○		Ⅰ・Ⅱ・Ⅲ・Ⅳ
29. 責任感がある	○			Ⅰ・Ⅱ・Ⅲ・Ⅳ
30. 正義感が強い		○		Ⅰ・Ⅱ・Ⅲ・Ⅳ

＊○のついた項目（Ⅰ～Ⅲ領域）のみを表示

表 2-3　就活で自己分析にとまどう大学生の事例（ワークシート②-2）

		自分が	
		知っている	知らない
他者に	知られている	Ⅰ：開かれた領域 ・慎重 ・優しい ・協調性がある ・必要な時は他者の協力を得る	Ⅱ：気づいていない領域 ・粘り強い ・自分の感情をコントロールする ・思いやりがある ・他者の喜びに共感する ・場の空気を読む ・正義感が強い
	知られていない	Ⅲ：隠している領域 ・黙々と努力する ・責任感がある ・相手の感情を認識して配慮する	Ⅳ：未知の領域 ＊記入不要

には責任感を持って取り組んでいる。それに，相手の感情を察して気遣いすることも多い。でも，そうした部分は他者には伝わっていないことも多いのかもしれない。必要な時には，自分が努力していることや責任感があること，他者への配慮をしていることをわかりやすく発してもいいのかもしれない」という考えに至りました。

このように，この学生さんは今回のワークを通して，自分にも様々な持ち味や傾向があることを実感しました。最終的には「人とのかかわりを大切にしたい自分がいることもわかった。社員同士が協力しあっているような組織を探してみたい」と，就活において大切にしたい軸や基準についての認識も深まっていきました。

2-8　自己理解はできているものの……仕事で自信をなくした 20 代社会人の事例

次に，仕事で自信をなくした社会人を例に考えてみましょう。

この方は 20 歳代，第一希望群の一つであった今の企業に入社し 4 年目。営業に配属となり，最初の 1, 2 年は楽しく仕事をこなしていました。3 年目になると売上目標も高まっていきましたが，周りが思うほどには数字は伸びず，焦りのためか大きなミスも起こしてしまい，すっかり自信をなくしてしまいました。もともと営業スタイルが異なる上司には苦手意識がありましたが，ミスのあとはますます上司とのやりとりに委縮するようになりました。課内の後輩への指導やフォローも期待されていますが，自分のことで手一杯でそうした時間をとることもままなりません。つまり，担当業務の遂行と職場内の上司や後輩との関係のどちらもが上手くいか

ず，焦りや閉塞感を感じる日々でした。「就活の時に自己分析はずいぶんやりましたし，自分のことは理解しているつもりですが……」

こうした状況の中，この方はワークシート②に取り組んでみました。

自分以外では同期と尊敬している先輩，それぞれ一人ずつに回答してもらい，その結果を表2-4に集約し，表2-5を完成させました。

この結果から，この方は「開かれた領域」に「楽観的，表情が豊か，場の空気を読む，機転が利く，適切な人づきあいができる，他者の喜びに共感する」の6項目が該当したことにまず

表2-4　仕事で自信をなくした社会人の事例（ワークシート②-1）

	自分	他者1（同期）	他者2（先輩）	どの領域にあてはまるか？
5. 他者の喜びに共感する	○	○	○	[I]・II・III・IV
8. 困っている人の手助けをする			○	I・[II]・III・IV
10. 適切な人づきあいができる	○	○	○	[I]・II・III・IV
13. 楽観的	○	○	○	[I]・II・III・IV
14. 場の空気を読む	○	○	○	[I]・II・III・IV
17. 機転が利く	○	○	○	[I]・II・III・IV
20. 表情が豊か	○	○	○	[I]・II・III・IV
25. 公平性を大切にする		○		I・[II]・III・IV
26. 直観を大切にする	○			I・II・[III]・IV

＊○のついた項目（I〜III領域）のみを表示

表2-5　仕事で自信をなくした社会人の事例（ワークシート②-2）

		自分が	
		知っている	知らない
他者に	知られている	**I：開かれた領域** ・楽観的 ・表情が豊か ・場の空気を読む ・機転が利く ・適切な人づきあいができる ・他者の喜びに共感する	**II：気づいていない領域** ・困っている人の手助けをする ・公平性を大切にする
	知られていない	**III：隠している領域** ・直観を大切にする	**IV：未知の領域** ＊記入不要

納得しました。「確かに基本的に楽観的で，表情が豊かでわかりやすいタイプだし，場の空気を読んだり機転も利くので適切な人づきあいができる方だと思う。他者の喜びを一緒になって喜ぶことも多い」と言い，自分が思う自分と他者から見た自分は一致している部分が多く，自分の傾向は周りにもきちんと伝わっていたことをあらためて理解していました。

次に，「気づいていない領域」の結果である「困っている人の手助けをする」「公平性を大切にする」と，「隠している領域」の結果である「直観を大切にする」に注目しました。「営業の仕事では，客観的な事実よりも直観を優先してしまっているという自覚があったが，他者にはそれほど知られていないのか」「後輩が困っていたら気になるし，時には声をかけることもあり，人の手助けをすることは実際嫌いではない。先輩がそのような場面を逃さずに見てくれていたことは嬉しい」「公平性を大切にするという評価は意外だった。ただ確かに，ずるいことは嫌いだし公平で誠実でありたいという姿勢は持っていた気がする」など，新たな自己理解が深まっていました。

最終的にこの方は，楽観的で，他者の喜びに共感し，適切な人づきあいができることは自分の持ち味であると再認識し，笑顔を大切にしながらお客様との関係性を大切にしていく活動をこつこつと続けていきました。また，営業活動では公平性や直観を大切にしながらも，直観とは逆とも言える事実を大切にすることや論理的な思考をすることを新たな課題としてとらえ，強みと課題を率直に上司とも話し合いました。気持ちや業務効率が高まっていくと，後輩の手助けをする時間もこれまで以上に取れるようになりました。こうして，営業成績も少しずつ上がっていき，徐々に自信を回復していきました。

この方はもともと自分について理解していた部分もありましたが，今回のワークを通して他者から見た自分に対する情報を整理することで，あらためて自分に対する認識が深まりました。そのあらためて認識できた自分の持ち味や強み・課題を現状や仕事へうまくつなげていくことで，適応や自信回復につながっていきました。

2-9　今後に向けたワンポイントアドバイス

章の最後に，いくつかのパターンに分けてのワンポイントアドバイスです。今後の参考にしてください。

◆自分についてよくわからない……というあなたへ

自己認識を深めるには，自分について自分一人で考えるだけではなく，自分を取り巻く他者から見たあなたについての情報を集めてみましょう。自分から見た自分と他者から見た自分の両方から，自分自身の認識がきっと深まっていくはずです。なお，自分を取り巻く信頼できる他者は，家族や地域，学校や組織など多様な場面にいるはずです。できるだけ多様な他者からの意見を得ることで，自分についてより複合的な側面が見えてくることでしょう。

◆自分についてわかっているつもりだが……というあなたへ

　私たちは変化し続ける存在でもあります。また，自分に関する認識が狭くなっていたり偏ったりすることもあるかもしれません。節目ごとに自分についてふりかえっていくことを大切にしてください。今回ご紹介したように，自分と他者の両面から自分を眺めていくことで，変わらない部分と変化している部分の両面に気づくこともあるでしょう。そうしたプロセスを繰り返すことで，自分に対する認識はさらに深まっていきます。

◆他者の意見を聞くことに抵抗感がある……というあなたへ

　他者の意見を聞くことは恥ずかしい，面倒くさい，本当にそうなのかと疑ってしまう等，何かしらの抵抗感を感じることは自然な心の動きです。他者の意見は，時によって自分の奥深いところや痛い部分に触れる場合もあるでしょう。他者の意見を聞くことや受け入れることは，エネルギーが必要なことでもあるのです。ただし，自分だけで自分をとらえていくことには限界があるのも事実です。あなたが親しみを感じている人や身近な人，尊敬している人を信頼し，思い切って他者の意見を聞く勇気を持ちましょう。自分だけでは気づけない視点や刺激をいただけることを信じてください。

文　献

Luft, J., & Ingham, H. (1961). The Johari Window: A graphic model of awareness in interpersonal relations. *Human relations training news*.

【コラム1】豊かなキャリアの道標，ハンセンの4つの要素と6つの課題

　あなたの豊かなキャリアをデザインする時に，その雛形があったら便利だと思いませんか？　ハンセン（L. S. Hansen）はその1つの雛形を提案しました。彼女によると**働く（Labor），愛する（Love），学ぶ（Learning），余暇を楽しむ（Leisure）の4つの役割（4つの"L"）**が充実し，それぞれに相乗効果があることが大切です。たとえば愛する恋人や家族と過ごす余暇でリフレッシュされて仕事が充実し，仕事の中で新たな学びがあり……といったイメージです。ライフサイクルの折々で役割のバランスは変わりますが，この4つを心豊かにやりきることを目指しましょう。

　また，ハンセンは上手に生きる6つのコツ（課題）も提案しています。1つは自分の**職業の価値をグローバルに考える**ことです。職業とは誰かが必要とするから仕事になっています。昔の日本人は「職業に貴賎なし」と言いましたが，自分の仕事の存在意義を常に確認しましょう。2つ目は仕事と他の役割の相乗効果を意識して**仕事に納得する**ことです。仕事はキャリアでのウェートが大きいので，キャリアデザインの要のようなものになります。3つ目は**家族のライフサイクルにおける役割も一種の"仕事"ととらえて大切にする**ことです。父（母），夫（妻），子としての役割は楽しまないともったいないですし，これによって愛も余暇も充実します。そして，4つ目は**相容れない価値観から学ぶ姿勢**，5つ目に**職業を通して得られる喜びに注目する**態度，6つ目に**転機（変化：コラム5参照）と向き合う姿勢**，を挙げています。広く支持されている提案なので，あなたのキャリアの参考にしてください。

　【文献】杉山崇（編）(2015). 入門！産業社会心理学　北樹出版

3 キャリア・アンカーと「いらない私」を見限る勇気

3-1 はじめに

　この章ではあなたの魂が求める価値観や生き方を明らかにしましょう。この章で言う魂とは誰かの命令や指導では変えられない，そして，あなたの意志でも変えられない，あなたの根源的な喜びのことです。

　アメリカの組織心理学者シャイン（E. H. Schein: 1925-）は多くの人生を観察する中で，誰にでも譲れない価値観があることを見出し，それを8つに分類しました。そして，その価値観を見失うと，まるで碇（アンカー）が外れた船のように，人は人生を見失って途方に暮れることも見出しました。シャインはこれらの価値観を人生の碇，キャリア・アンカーと名付けています。他の言葉で表現するなら「人生におけるテーマ（9章，10章参照）」とも言えるでしょう。

3-2 キャリア・アンカーの自己理解が重要なワケ

　シャインは8つの価値観を見出しましたが，8つの全てがあなたにとって重要なわけではありません。大事なことは，あなたの価値観を見失わないことです。絶対に譲れない価値観，譲ってもいい価値観……とあなたの中で確認できていることが重要です。確認できていれば，「自分の人生では，これは諦めてもいい」と「いらない私」を見限る勇気も持てるからです。

　では，キャリア・アンカーを見失うと何が起こるのでしょうか。それは，人生がブレてしまうことです。周りの雰囲気に振り回され続けると，結果的に自分らしい人生を生きることが難しくなります。「自分の人生で大切なことはこれなんだ」とあなた自身のキャリア・アンカーを自覚することが重要なのです。

3-3 価値観の診断ツールについて

　この章ではあなたがどのような価値観を持っているのか，チェックできるツールを紹介します。ツールは「職業に就くとしたら」という前提で進みます。職業は人生の中でもっとも長く

自分の時間を費やすものの一つです。なので，職業にすることを前提で物事を考えると「これだけは死んでも嫌だ」とか「こうできたら幸せだ」とか，あなたの魂が何を求めているのか見つけやすくなります。

回答のポイント1：魂を縛る現実は忘れる

正しく発見するためのポイントをお知らせします。まず，「すでにお仕事が決まっている」という場合はそれを一時的に忘れてください。大人の方なら，「家族を養う」「住宅ローン」「縁故」「代々の家業」といった人生のしがらみもあるかもしれません。これらも一時的に忘れてください。あなたの魂が求める生き方を発見することが目的です。今だけは魂を縛る現実を忘れましょう。

回答のポイント2：「嫌がる感情」「求める感情」をキャッチする

まずはツールに書かれている生き方を読んでください。そして，ご自分がそのような生き方をしていると想像してください。その時にあなたの心の中に「ウンザリ感」が出てきたら「嫌がる感情」が，「ワクワク感」や「喜び」が出てきたら「求める感情」が何かを訴えている合図です。それをキャッチしながら進めてください。

3-4　価値観の診断ツール：回答の方法

では，下の左右に書かれている文章を丁寧に読んでください。その内容を比較して，あなた自身の感じ方に右側の文章が「まさにピッタリ」なら①に，「ややピッタリ」なら②に，左側の文章が「まさにピッタリ」なら⑤に，「ややピッタリ」なら④にチェックを入れてください。どちらも違うと感じたら，③にチェックをしてください。

ワークシート①　簡易版キャリア・アンカー診断ツール

1	身につけた特別な知識やスキルを活かして働ければ高収入にこだわらないし，多少の負担なら耐えられる。	⑤　④　③　②　①	それなりに高収入で大きな負担がなければ自分の専門性が無意味になるような仕事でも続けたいと思う。
2	将来的に幹部として組織の重要な意思決定に関わることができて，周りからも一目置かれるなら，相応の負担は受け入れられる。	⑤　④　③　②　①	楽に高い収入が得られるなら，組織の意思決定の蚊帳の外に置かれて，尊重されない仕事を延々と続けることになっても構わない。
3	仕事のやり方や時間を自分で選べる仕事なら多少の負担や平均的な収入でも満足できる。	⑤　④　③　②　①	楽に高い収入が得られるなら拘束時間や仕事内容が厳密に決められて，勤務態度や服装まで細部まで規定通りに求められる仕事でも構わない。
4	高待遇ではなくても生涯にわたって人並み程度の生活が保障されるなら，仕事の内容にはこだわらない。	⑤　④　③　②　①	生活の保障を最優先に職業を選ぶより，仕事の面白さや自分自身の成長の可能性などを大事にして働きたい。

5	自分が思い描いた事業や仕事を実現できるなら,今が多少大変でも全力で努力できると思う。	⑤ ④ ③ ② ①	新しい事業や仕事をはじめるより,すでに手続きや進め方が確立されている仕事が良い。
6	仕事を通して自分が世の中や誰かの力になっていると実感できなければ,仕事を続ける意味がないと思う。	⑤ ④ ③ ② ①	自分の就いている仕事が自分の気づかないところで誰かを傷つけたり環境破壊につながる可能性はあまり気にならない。
7	結果が保証されていなくても,前例がない偉業に挑戦ができるならワクワクする。	⑤ ④ ③ ② ①	誰がやっても結果が同じ仕事や決まりきった仕事であってもそれなりに楽しめる。
8	住む場所や自分のライフスタイル（人づきあいや趣味,生活習慣,など）を変えなくてもいい仕事なら高収入や高待遇にはこだわらない。	⑤ ④ ③ ② ①	自分がやりたい仕事,または望み通りの高待遇や尊敬が得られる仕事ができるなら住む場所やライフスタイルにはこだわらない。

Schein（1996）をもとに筆者が作成。より精密な測定をしたい方は Schein 著（金井壽宏・高橋潔訳）『キャリア・アンカー セルフ・アセスメント』（白桃書房, 2009）を参照ください。

3-5　生き方の診断ツール：結果の整理

　下の集計表で「スコア」欄にチェックした数字を書き込んでください。次に数字が大きい順に「4番までの順位」欄に順位を書き込んでください。同スコアのものがあったら「大事にしたいこと」を見比べて,より大事だと思う方を上位にしてください（これは心理学では一対比較法と呼ばれている方法です）。続けて数字が小さい順に「4番までの逆順位」欄に順位を書き込んでください。同位のものがあったら,先程と同様に見比べてくださいね。

ワークシート②　キャリア・アンカー診断の集計シート

	スコア	生き方タイプ	大事にしたいこと	4番までの順位	4番までの逆順位
1		専門性	専門分野を持ち自分の技能をより高め,活用するチャンス		
2		管理職	組織の階段を上り詰めるチャンスや組織のトップに立つこと		
3		自律独立	仕事を自分で決め,自分のやり方で仕切っていくこと		
4		保障安定	組織や職種における雇用保障および退職金・年金など経済的な保障		
5		起業精神	リスクを取って障害を乗り越えて,新しい事業を起こすチャンス		
6		社会貢献	環境保護,世界平和,新薬開発など人類と社会に貢献するチャンス		
7		挑戦好き	難しい課題や障害を乗り越えるチャンス		
8		暮らし	自分の個人的な欲求や家族の要望と職業のバランスが取れた状態		

3-6 就活でやりたい仕事が見つからない女子学生の事例

さて，ワークシート②の結果で何がわかるのでしょうか？　それはどのような生き方が向いているのか，または向いていないのかを考える手がかりです。ここでは就活をしているものの何をやりたいのか全然わからない女子学生を例に考えてみましょう。

キャリア形成の中でも就活は「自己理解→仕事理解→啓発的体験……（第1章参照）」といった手続きを踏むことが重要です。この女子学生さんも就活セミナーなどで様々な自己分析を体験してきましたが，仕事につながるような「自分」を発見できずに悩んでいました。その結果，面接に進んでも説得力のある自己アピールができずに落ち続けていました。

ワークシート①・②をやってみたところワークシート②は次のようになりました。

表3-1　ある女子学生のワークシート②

	スコア	生き方タイプ	大事にしたいこと	4番までの順位	4番までの逆順位
1	3	専門性	専門分野を持ち自分の技能をより高め，活用するチャンス	4	
2	3	管理職	組織の階段を上り詰めるチャンスや組織のトップに立つこと		4
3	2	自律独立	仕事を自分で決め，自分のやり方で仕切っていくこと		3
4	5	保障安定	組織や職種における雇用保障および退職金・年金など経済的な保障	2	
5	1	起業精神	リスクを取って障害を乗り越えて，新しい事業を起こすチャンス		1
6	4	社会貢献	環境保護，世界平和，新薬開発など人類と社会に貢献するチャンス	3	
7	1	挑戦好き	難しい課題や障害を乗り越えるチャンス		2
8	5	暮らし	自分の個人的な欲求や家族の要望と職業のバランスが取れた状態	1	

この結果をよりわかりやすくするために，ワークシート③を描いてみましょう。

ワークシート③　「重要－不要」確認シート

ワークシート③でよりはっきりしたように，この女子学生さんは「暮らし」が大切な価値観の第一位で，「保障安定」が第二位でした。この結果から，日々の暮らし方を仕事に合わせるのではなく，自分らしい暮らし方に合った仕事を求めていることがわかります。さらに，暮らしが保障されている安定した仕事に就ければ……という気持ちも強いようです。

あとは「社会貢献」もスコアは4点で最重要ゾーンに被っているので無視はできません。少

なくとも気づかないところで社会の迷惑になっているような仕事には就きたくないでしょう。

一方で「起業精神」や「挑戦」という価値観は概ね皆無です。「自律独立」もこの女子学生さんには無意味に近いようです。つまり、「自分を活かす」とか「積極的に社会に出る、世の中をリードする」といった欲求はこの人の中では大切なものにはなっていません。

逆に言えば仕事に自己実現を求めていないので組織の一員として組織に染まることは苦にならないようです。つまり「無理のない暮らしさえできれば、変な野心もなく全力で組織に忠実になれる」という才能を持つ人と言えるでしょう。

そこで、とにかく組織に忠実であるというところを評価してくれそうで安定性の高い勤め先（公務員、団体職員、地味だけど安定性の高い産業の事務員、など）を中心に就職を考えてみることになりました。生活ができれば高給でなくてもよい……という割り切りも功を奏しました。その結果、アピールできるところ、苦手なことが整理できて説得力のある自己アピールができたこともあって内定を得ることができました。

表 3-2　ある女子学生のワークシート③

（書き方は囲み参照）

このようにこのワークシートを通して、「自分は○○を求めたい」だけでなく、「自分は、これは諦められる、気にしないで生きられる」という強みも見つけることができるのです。

> **ワークシート③の書き方**
> 　表のように1列ごと8コマ程度を枠で囲んで「生き方タイプ」を書き込んでいきます。左端の列から4列目まではワークシート②の1位から4位まで、枠のトップがそのスコアと左側網かけ部のスコアに並ぶように書いてください。同じスコアでも相対的に下の順位になったら右横の列に1コマ下げて書くことで、あなたの中での序列がわかりやすくなります。
> 　右端からは逆順位1位から順番に書き込みましょう。同じスコアでも相対的に下の逆順位になったら、1コマ上げて書きましょう。

3-7 会社と上司が嫌で嫌で仕方がない男性の事例

次に勤務先が嫌で嫌で仕方がない30歳手前の男性の例で考えてみましょう。この男性のワークシート②は以下のようになりました。スコアを見る限り2点のところがなく，8つの価値観の中で6つが3点以上です。

ワークシート③を描いてみると専門性と仕事の裁量権，さらには何かしらの挑戦も求めているようです。さらに，非重要と言えるものが管理職と暮らしだけで，諦めてよい価値観が比較的少ないことがわかります。そこで，重要なところを中心に向いている生き方を考えてみました。

現在のお仕事は金融の融資部門の内勤で地味なオフィスワークが中心です。営業や上司に振られた仕事を黙々と迅速に処理することが求められるそうです。キャリア・アンカーとして重要な「専門性」「自律独立」「挑戦好き」いずれとも相反する職務内容です。

キャリア・アンカーの結果に基づくと，医師，弁護士，会計士，税理士，などのいわゆる「士（師）業」的な専門職の資格をとって独立開業をするのがこの方にフィットすると考えられます。挑戦好きなので，他の専門家が手を出さないようなサービスを始めるとこの方も満足できるうえに市場ニーズも獲得できて，もっといいかもしれません。「暮らし」は割と犠牲にできるようなので新しいサービスが軌道に乗るまでは全力で仕事に打ち込めそうです。

逆に最も合っていない生き方を考えてみましょう。逆順位で「管理職」「暮らし」が上位で，無視していいわけではありませんが「保障安定」も起業精神との比較で切り捨てられました。

表3-3 ある男性のワークシート②

	スコア	生き方タイプ	大事にしたいこと	4番までの順位	4番までの逆順位
1	5	専門性	専門分野を持ち自分の技能をより高め，活用するチャンス	1	
2	1	管理職	組織の階段を上り詰めるチャンスや組織のトップに立つこと		1
3	5	自律独立	仕事を自分で決め，自分のやり方で仕切っていくこと	2	
4	3	保障安定	組織や職種における雇用保障および退職金・年金など経済的な保障		
5	3	起業精神	リスクを取って障害を乗り越えて，新しい事業を起こすチャンス		3
6	3	社会貢献	環境保護，世界平和，新薬開発など人類と社会に貢献するチャンス	4	4
7	4	挑戦好き	難しい課題や障害を乗り越えるチャンス	3	
8	1	暮らし	自分の個人的な欲求や家族の要望と職業のバランスが取れた状態		2

ここから、「社畜」と呼ばれるような会社に人生を捧げる代わりに生活を保障してもらうような生き方はかなり辛そうです。しかし、現在のお仕事環境はこちらに近いようです。

どうやら、この男性は自分の向き不向きをよく考えずに、サラリーマンという人生を選択してしまったようです。「嫌だ、嫌だ」が増えるのも無理がないことかもしれません。

表3-4 ある男性のワークシート③

高↑重要性↓低	5点	1位 専門性	2位 自律独立	3位 挑戦好き	4位 社会貢献	最重要ゾーン		
	4点					起業精神	保障安定	
	3点							
	2点							
	1点					4位	3位 暮らし	
低↑重要性↓高					非重要ゾーン		2位	1位 管理職

3-8 向いていない仕事環境の中で向いている生き方をするには

さて、この方はどうすればよいのでしょうか。資格を身に着けて士業として独立するのはなかなか大変です。これができなかったら、向いていない仕事環境で諦めて生き続けるしかないのでしょうか。

いいえ、そんなことはありません。「どんな時でも、ちょっとでもマシにできる方法は必ずある」と考えましょう。この方には次のワークシート④もやってもらいました。

この方は4位の社会貢献は「3」とそう高くもないので、まず3位までを価値観の欄に書き出しています。次に「現状」のところには今の暮らしの中でどのようになっているのかを書

表 3-5 ある男性のワークシート④

順位	価値観	現状	満足度	満足を増やすためにできること	助けや協力を お願いしたい人
1	専門性	単調な仕事で変に種類が多い	20	得意な仕事と苦手な仕事を理解してもらって，得意な仕事を増やしてもらう	上司や同僚
2	自律独立	会社に縛り付けられている	0	勤務時間の範囲内で自己裁量で動ける時間を増やす	上司
3	挑戦好き	言われたことをやるだけ	20	機会があったら会社に提案できるように準備しておく	識者（セミナーや研修を受ける）
4					

出します。今の仕事や暮らしの状況の中で満たされていないとしたら，それを阻むことがらを書くことになります。満たされていれば，どのように満足しているか書きましょう。次にその満足度を0から100で書きましょう。最高に幸せなら100，生きるのが嫌になるほど不満なら0を目安に数字にしましょう。"満足を増やすためにできること"の欄には，今の仕事や暮らしがどのように変われば，少しでも満足感が変わりそうか書き込みましょう。ポイントは少しでも現実にできそうなことは何でもメモに書き出すことです。その中で，最もできそうで最も効果がありそうなことを選んで書き出しましょう。最後に書き出したことを実現するために力を貸してほしい人を助けや協力をお願いしたい人の欄に書き込みましょう。例の方の専門性を求めるところは，ほとんど満たされていないようですね。自律独立も，挑戦好きも，ほぼ満たされていません。仕事を変えれば手っ取り早いのですが，転職・転向にはリスクもあります。

そこで，問題を解決するのではなく，「ちょっとでもマシにする」という発想で考えればできることが見えてきます。"満足を増やすためにできること"の欄には，今の仕事や暮らしがどのように変われば，少しでも満足度が変わりそうか書き込みましょう。ポイントは少しでも現実にできそうなことは，何でもメモに書き出すことです。その中で，最もできそうで最も効果がありそうなことを選んで書き出しましょう。最後に書き出したことを実現するために力を貸してほしい人を助けや協力をお願いしたい人の欄に書き込みましょう。例の方は職場の仕事の種類が多くて嫌になっているようです。たとえば，上司や同僚に「これは任せて！！」と言えるような得意な仕事を理解してもらって，その仕事を増やしてもらえれば職場内で「専門性」を持つことができます。みんなが困っているような仕事なら，みんなも助かりますし，賛成してくれるのではないでしょうか。

みんなが困っているような仕事を請け負ってくれる価値ある存在になったら，職場での立場も良くなって勤務時間の範囲内でも多少は好きにできる幅が広がるでしょう。全ては上司や同僚が理解してくれれば達成できることです。

こうして，この男性は「上司が嫌だ」という気持ちは抑えて，上司に相談して援助を求めることにしました。意外にも，上司は相談に応じてくれて，職場で実現可能な範囲内で向いてい

る働き方ができるように協力してくれると言ってくれました。このように自分の向き不向きを整理できると，協力してほしいことも整理して伝えられるので理解を得やすくなるのです。

3-9　あなたのワークシート③，ワークシート④を描いてみましょう

　このように，ワークシート③を描くことで，あなたが何を大切にすればよいのか確認することができます。女子学生の例，30歳手前の男性の例を参考に，あなたのワークシート③を描いてみてください。

ワークシート③　「重要－不要」確認シート

学生さんなど，これからご自分の人生を考える方は章の最後の「ワンポイントアドバイス」を参考に自分向きの人生を考えてくださいね。結果をもとにキャリア・コンサルタントなど専門家に相談するのもいい方法です。すでにお仕事が始まっている，当面の人生は決まっている，という方は男性の例を参考にワークシート④も書いてみましょう。

ワークシート④　環境改善プラン発見シート

順位	価値観	現状	満足度	満足を増やすためにできること	助けや協力をお願いしたい人
1					
2					
3					
4					

3-10　うまくいかない時のワンポイントアドバイス

章の最後にそれぞれの価値観を上手に生きるコツをお伝えします。これをヒントにご自分に合った生き方や仕事を考えてくださいね。

◆**専門性**

専門の資格がイメージされやすいですが，それだけではありません。あなたの「身の回りの人の中で専門家」という立ち位置もその一つです。人はお互いに苦手なところを補い合いながら生きています。多くの人が苦手にしている何かを得意としていたら，みんながあなたを頼ることでしょう。そして，あなたがみんなを助けてあげられたら，みんなもあなたを助けてくれるはずです。

◆**管理職**

組織の意思決定に関わりたいのに今のところは意見すら聞いてもらえない……というあなた，まずは「抜け目のない正しい判断を磨く作戦」をやってみましょう。あなたはまだ幹部ではないのかもしれませんが，「自分が幹部だったらどう判断するだろう」と常に考えながら，その判断の正否を確認してください。こうやって判断力を高めるのです。チャンスがあったらあなたの判断に基づいて提案してみましょう。その判断が本当によかったら幹部もあなたを頼りにしてくることでしょう。

◆自律独立

まずは今のあなたが「コントロールできること，できないこと」の区別をつけましょう。コントロールできないことは粛々と機械的に片づけて，コントロールできることにお気持ちを集中させてください。自律独立を大切にする人は「縛られている」と感じると苦しくなることがあるようです。あなたの心はいつでも自由です。あなたが何を考えるか，何を想って生きるかはあなた次第なのです。

◆保障安定

公務員のように保障が手厚いことが周知の職もありますが，実は，この国で生きているだけで，私たちはかなり守られています。法律，条例，政策……など住民の生活の悩みに対応する相談窓口は各自治体には必ずありますし，問い合わせれば色々と教えてくれます。勤め先が十分に保障してくれない場合は，国民として，または労働者として保障されている権利を調べてみてください。

◆起業精神

現実的に持続可能な「事業モデル」を練り上げましょう。事業を始めることは意外と簡単ですが，続けることが難しいものです。いい事業モデルを作るには起業の経験者から学び，事業のお金の流れを学び……と学ぶことがたくさんですね。この事業モデルの策定からが実は起業です。本当によい事業モデルができたら，多くの人が関心を持ってくれて本当に起業できるかもしれません。まずは，モデルづくりをやってみましょう。

◆社会貢献

どんな仕事もこの世に必要とされるから仕事として成立しています。何らかの貢献になっているはずなので，社会貢献を広く考えてみてください。

また，世の中には支援を必要としている人はたくさんいますが，誰にも関心を向けてもらえない人たちもいます。関心を向けるだけでも，支援活動をしている人たちの力になります。これも貢献の一つです。諦めないであなたにできる貢献を目指してくださいね。

◆挑戦好き

まずは身の回りの小さな挑戦を大切にしてください。たとえば5分かかっていたことを3分にしてみる，新しい道具に挑戦してみる……などです。もっと大きな挑戦がしたい……という方は「挑戦して意味のあること」と「挑戦して意味のないこと」に分けましょう。挑戦には多少の無理が伴うものですが，意味のない挑戦は続きません。意味があるから挑戦は続くし，できるものなのです。まずは，意味の有無で物事を区別して，あなたがやるべき挑戦を探してみましょう。

◆暮らし

さまざまなしがらみの中で思い通りの暮らしができない……と悩んでいるあなた，諦めないでください。ワークシート④を使って，あなたが暮らしのために使える時間を確認しましょう。お仕事中にもスキマ時間があるかもしれません。そのスキマ時間にも「こっそり」暮らしの改善計画を作ることができるかもしれませんね。今の生活の中で暮らしのために使える時間を目いっぱい暮らしに使う，日々の行動計画を立ててみましょう。きっと，あなたの暮らしは今よりよくなるはずです。

文　献

Schein, E. H. (1996). *Career anchors (discovering your real values)*. Jossey-Bass.

【コラム2】有能なエキスパートになる秘密の心理科学①：問題解決が上手い人になろう

「有能な人物になりたい…」と思っているあなた，心理学が発見した最強の方法をお教えしましょう。現代社会における有能とは学業成績が優れていることではありません。複雑な仕事がスムーズにできること，そして不測の事態に上手に対応できること，これは有能と言われる人材の必須事項です。では，どうすれば必須事項を満たせるのでしょうか。

前者はコラム6で紹介しますが，後者の上手な対応，すなわち問題解決の技法はここで紹介しましょう。問題解決の技法は問題についての考え方とアクションプランの作り方に分けられています。考え方の第1ステップは**「問題の存在を受け入れる」**ことです。問題に直面することは不愉快なことです。私たちの多くは問題の存在を認めたがりませんが，本当は放ってしまうほど問題が拡大します。「問題がない組織も人も事案もありえない」くらいの意識で問題を広く受け入れる態度が必要です。次に**「問題はチャレンジするもの」**という心の習慣を持つことです。問題が改善すれば必ず何かが良くなります。問題を見つけたらむしろワクワクするように自分を習慣づけましょう。そして**「原因を考えすぎない」**ことです。仮に「どうしてこうなった」と考えて正解が見つかっても，どうにもならないことが多いのです。説明や再発予防の責任がある場合は別ですが，時には原因を無視することが逆に解決が早いこともあります。最後に**「解決できるかではなく，何ができるかを考える」**ことです。実は問題を解消する魔法のような手立てはないことが多いのです。小さな改善の積み重ねで解決が見えてきます。

アクションプランに向けた第1歩は**「問題の定義と目標設定」**です。問題は派生的に次の問題を生むので，その本質が見えにくくなります。そこで「そもそもの問題は？」「何がどうなればいい？」を探る姿勢が必要です。これは経験値が必要なことがあるので，専門家や経験豊かな人に相談することも必要です。次に**「解決策のブレーン・ストーミング（あらゆる案を嵐のように出し尽くす）」**を行います。たとえば「就活で内定が取れない」が問題なら，「自分で会社を作って内定を出す」も案とします。「できるできない」は無視して「案が豊富にある状態」を目指すのです。その案をもとにして，**「解決策の意思決定」**を行います。ここでは「効果のサイズ」と「負担・リスクのサイズ」を天秤にかけて現実的に考えましょう。最後が**「実行と効果の検証」**です。効果があれば続けましょう。効果がなければこのプロセスのどこかが間違っていたということです。第1歩に戻ってより丁寧にアクションプランを作ればいいことです。最悪なのは効果がないことで諦めてしまうことです。諦めなければ，少しでも改善に近づくアクションプランは必ず見つかります。

ここでご紹介した方法は問題解決療法という心理療法にもなっている確かな方法です。基礎研究も多く信頼できる方法なので，何かに困ったらぜひ思い出して実践してくださいね。

【文献】杉山崇・前田泰宏・坂本真士（編）(2007). これからの心理臨床　ナカニシヤ出版
　　　　杉山崇 (2010). グズほどなぜか忙しい　ナガオカ文庫.

パーソナリティと職業興味：
興味・関心を探索する六角形モデル

4-1 はじめに

　自分がひきつけられることやおもしろいと感じること，ある対象やできごとに特に関心を向ける傾向のことを「興味」といいます。この章では，自分の興味・関心を探索していきましょう。

　ところで，あなたの興味は何ですか？　興味領域はどのようなところにありますか？　意外に答えることが難しい問いではないでしょうか。実は，自分の興味がどのようなところにあるのかを見出すための手がかりは，日々の色々なところにあらわれています。これまで多くの時間を費やしてきたこと，夢中になって取り組んできたこと，自由な時間にしていること，よく思い出すこと，ついつい注目してしまうこと，よく見る映画や雑誌やwebサイト，よく聞く音楽，よく行く場所，親しい仲間など，何気ない普段の自分を見つめることで自分の興味・関心が見えてきます。

　こうした興味・関心は，その人を取り巻く環境のなかで段階を経ながら発達していくとアメリカの職業心理学者であるホランド（J. L. Holland）は考えました。人は最初に，自分の好きな活動やより好む活動をそれ以外と区別することを学び，好む活動を取り組む過程で色々な人との交わりや環境からの影響を受けながら自分の興味領域を形成し，その強い興味・関心が根本的な動機となって能力も伸び，最終的にその人独自の興味と能力があいまって，その人独自の傾向が形成されるとのことです。つまり，ものの見方，考え方，行動の仕方などの諸傾向，その人独自のパーソナリティ・タイプは経験を通して段階を経ながら発達していくということです。

4-2 六角形モデルを使った自己理解が重要なワケ

　ホランドは，特定の職業環境にいる人は似通ったパーソナリティ特性を示すことが多いという経験則に立ち，パーソナリティと職業選択の関連性も説明しています。簡潔に言えば，人も環境も6つのタイプに分けることができ，人は自分の持っている技能や能力が活かされ，価値

観や態度を表現できるような環境を求める，という考え方です。

6つのタイプは一つ一つのタイプ名の頭文字を取って「RIASEC（リアセック）モデル」とも呼ばれています。職業の選択は，個人の動機づけ，知識，パーソナリティ，能力などの一つのあらわれであるとも言えます。自分のタイプを理解することは，今後に向けた選択への手がかりとなり，自身の強みや課題の理解を深めることにつながります。今後のキャリア形成に活かせる貴重な情報にもなります。

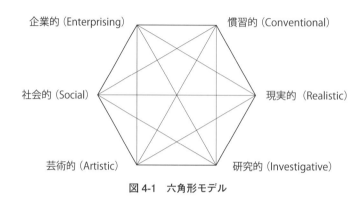

図4-1 六角形モデル

表4-1 6つのタイプ（Holland, 1997 渡辺・松本・道谷訳，2013をもとに筆者が整理）

現実的 (Realistic)	物，道具や機械，動物などを対象とした，明確で，秩序立った，体系化された操作を伴う仕事や活動を好む。	・手先を使うことが得意で，機械，農業，電気，技術の分野で必要な能力を持つ。 ・教育的活動や，対人関係が複雑な活動を苦手とする傾向がある。
研究的 (Investigative)	研究や調査など研究的，探索的な仕事や抽象的概念や論理的思考を伴う活動を好む。	・物事を分析する，科学的，数学的な能力を持つ。 ・社会的，経済的あるいは政治的問題に対してはあまり関心を持たない傾向がある。物事を一人で成し遂げることを好み，グループでの活動を好まない傾向も。
芸術的 (Artistic)	音楽，美術，芸術など芸術的領域での仕事や，あいまいで，自由で，体系化されていない活動を好む。	・繊細で感受性が強く，独創性や想像力に恵まれ，芸術的（言語，美術，音楽，文章など）な能力を持つ。 ・具体的すぎることや型にはまった行動を苦手とする傾向がある。
社会的 (Social)	人に接したり，援助したり，教えたり，人と一緒にする仕事や活動を好む。	・他者に対する洞察力に富み，対人的で教育に関する能力を持つ。 ・物，道具，機械を用いて決まったことをするような活動を苦手とする傾向がある。
企業的 (Enterprising)	企画や組織運営，経営などの仕事や，組織目標の達成や経済的利益を目的とした他者との交渉を伴う活動を好む。	・指導力，対人関係，説得力，表現力に恵まれ，積極的で社交的な能力を持つ。 ・じっくりと物に取り組んだり，科学的に考えることを苦手とする傾向がある。
慣習的 (Conventional)	定まった方式や規則に従って行動するような仕事や，資料を系統的，秩序的，体系的に扱うことを必要とする活動を好む。	・様々な状況に対して順応的，協調的であり，事務的能力や計算力，ビジネスのシステム化などにつながる能力を持つ。 ・あいまいで基準がない活動や，対人関係での葛藤や混乱を苦手とする傾向がある。

6つのタイプから構成されるRIASECモデルは，相互の関係から六角形モデルとして示されています（図4-1）。つまり，六角形のなかで，それぞれのタイプ間の距離が離れているほど相互の理論的な関係が弱く，距離が近いタイプ間の関係は強いことを表しています。RIASECとは，「現実的」「研究的」「芸術的」「社会的」「企業的」「慣習的」であり，それぞれのタイプの特徴は表4-1の通りです。

4-3　六角形モデルのさらなる理解のために

それぞれの興味領域と関連のある職業領域例も整理されています。参考までに，表4-2で示します。

この6つのタイプについてはさらに研究が進み，六角形モデルの根底には4つの要素があることが示されました。4つの要素とは，「ひと（People）／もの（Thing）」「データ（Data）／アイデア（Idea）」であり，図4-2でRIASECとの関連も示します。自分の興味や環境について，

表 4-2　興味領域と関連のある職業領域

現実的 （Realistic）	動植物管理の職業，工学関係の職業，熟練技能の職業，機械管理の職業，生産技術関係の職業，手工業技能の職業，機械・装置運転の職業
研究的 （Investigative）	動物・植物・生理学関係の職業，物理科学関係の職業，社会調査研究関係の職業，生産工学関係の職業，数理・統計学関係の職業，医学関係の職業，情報処理関係の職業
芸術的 （Artistic）	美術・彫刻・工芸関係の職業，舞踊関係の職業，文芸関係の職業，音楽関係の職業，演劇・演出関係の職業，デザイン・イラスト関係の職業
社会的 （Social）	社会奉仕の職業，医療保健関係の職業，各種の対個人サービスの職業，学校教育・社会教育関係の職業，販売関係の職業
企業的 （Enterprising）	経営管理関係の職業，広報・宣伝関係の職業，営業関係の職業，管理的事務関係の職業，財務関係の職業，報道関係の職業
慣習的 （Conventional）	経理事務関係の職業，警備・巡視の職業，一般事務の職業，文書整理・保管の職業，法務関係の職業，編集・校正関係の職業

出典：VPI職業興味検査［第3版］手引，pp.11-13を参考にした。

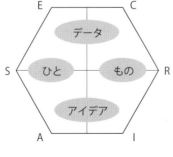

図4-2　4つの要素

このようなわかりやすい4つの要素から探索することもできます。それぞれの特徴は表4-3に示します。

表4-3 4つの要素

ひと（People）	援助する，説得する，接待する，動機づける，指示するなど，一般的には人に変化をもたらす過程が含まれる。対人的な活動。
もの（Thing）	生産，輸送，修理するなど具体的，実践的で，一般的には身体活動や物を扱うような活動が含まれる。対物的な活動。
データ（Data）	記録したり，検証したり，物やサービスなどの事実やデータを体系化するような活動が含まれる。
アイデア（Idea）	創造したり，発見したり，解釈したり，抽象的なことを考えたりする活動が含まれる。

4-4　RIASECモデルの診断ツールについて

　この章では六角形モデルの考え方を応用して，自分の興味・関心から自己認識を深めましょう。自分についてあらためて広くとらえていくためのワークシートを2種類紹介します。
　一つ目のワークシートは，ある設定を通して自分のタイプを探索する内容です。二つ目のワークシートは，簡易チェック表を使用して自分のタイプを考える内容です。どちらか一方だけを使用し自分について考えることもできますし，両方の結果を総合的に考えて自己認識を深めることもできます。

記入・回答のポイント：自分について率直に記入・回答する（ワークシート①②）
　記入・回答に良い・悪いなどはありません。また，「こうありたい」「こうあるべし」「理想の自分」などの記入・回答を求めているわけではありません。記載されている設定や質問項目に対して，率直に記入や回答を進めてください。

4-5　ワークシート①「具体的な仕事から考える自分のタイプ」：記入の方法

　具体的な仕事例として，コンビニエンスストアでの6種類の仕事を用意しました。仕事内容を読んで，特に興味や関心を持った仕事のベスト3を考え，記入しましょう。今の自分に現実にできるかどうかは，今回は気にしなくて構いません。率直に選択してください。
　自分にとってのベスト3が決まったら，どうしてこの3つを選んだのか，自分なりの理由や気づきを記入します。

ワークシート①　具体的な仕事から考える自分のタイプ

コンビニエンスストアでの6種類の仕事	
タイプ	仕事内容
現実的（R）	店舗内の設備整備や清掃，商品の管理や陳列など，具体的に店舗内で体を動かしながらする仕事
研究的（I）	競合他社の動向や消費者行動を調べ分析し，業界のトレンドについて情報を収集し，店舗運営に関する企画を作成する仕事
芸術的（A）	店舗内外の効果的な飾りつけやBGMを創意工夫したり，広告や宣伝を考える仕事
社会的（S）	レジで接客をしたり，新しく入ったスタッフの教育やフォローをする仕事
企業的（E）	組織の利益拡大を目指し，本部と連携し，店舗全体の運営をマネジメントする仕事
慣習的（C）	店舗運営に関するデータを管理し，報告書やマニュアルを作成し，パソコンを駆使することも多い仕事

1位	2位	3位

この3つを選んだ理由は？　自分なりの気づきは？

4-6　ワークシート②「RIASEC簡易チェック」：回答の方法

　ワークシート②には，仕事に含まれている特徴をあらわした文章が30項目あります。全ての項目を読み，興味や関心を持った項目や仕事の中でやりたいと思う項目を10項目選び，□内に印をつけていきます。選び終えたら印がついた項目を縦に数え，数の多い順にベスト3を決定し，記入します。

簡易チェックによるベスト3結果を見て，自分なりにどう解釈するか，理由や気づきを記入します。

ワークシート②　RIASEC 簡易チェック

□物を作る	□分析をする	□何らかの形で自己表現する	□人の手助けをする	□他人に影響を与える	□細かな作業をする
□手や体を使って作業する	□数学や科学の知識を役に立てる	□柔軟性がある	□人に教える	□人を管理する	□整理整頓する
□道具や機械を使って働く	□探求心や好奇心を発揮する	□アイデアを出す	□人とコミュニケーションをする	□リーダーシップを発揮する	□データや数字を扱う
□具体的な結果を得る	□問題解決を考える	□美しいものを好む	□悩みがある人を援助する	□人を説得する	□秩序を保つ
□現実的なことを重視する	□物事を観察する	□フィーリングや想像力を大切にする	□他者を理解する	□権威と責任を持つ	□正確に処理する
R	I	A	S	E	C

1位	2位	3位

この3つを選んだ理由は？　自分なりの気づきは？

4-7 就活中の学生の事例

さて，今回の2種類のワークシートから何がわかるのでしょうか？

RIASECという6つのタイプを応用して，自分の興味・関心に関する自己認識が深まります。見えてきた自身の興味領域は，今後に向けた選択への手がかりとなり，自身の強みや課題の理解を深めることにもつながるでしょう。

ここではまず，就活中の大学生を例に考えてみましょう。

就職を始める時期となり，ある学生さんは自己分析が重要であることを知りました。自己分析では職業的な自己像を探索するために，「興味や関心が持てること」「できること（能力）」「大切にしていること（価値観）」の3つの切り口から進めていくことが多いことも教わりました。自己分析を進める中で，この方は「興味や関心が持てること」への取り組みが一番難しいと感じたようです。「自分は何が好きかとあらためてきかれると，よくわからない……。何かこれというものがあるわけではないし，特に何かを嫌いというわけでもない。周りと同じようなことをやっていることが多い。特別な興味や関心は自分にはないのかもしれない……」

こうした状況の中，この学生さんはワークシート①に取り組み，表4-4のような結果となりました。

この学生さんは，「慣習的，現実的，社会的」を選び，それぞれの選択理由も考えることができました。この結果から，「データや数字を扱って一人でこつこつと作業をすることに加えて，具体的な身体活動もあり，かつ人とかかわっていくこともできる仕事」が自分の興味領域かもしれないとの気づきが深まっていきました。一番やりたくないという「企業的」については，「コンビニ業界ではないけど，うちの親がこれに近い仕事をしている。仕事中心の日々で，今でも遅くまで会社で過ごしている」ということを思い出し，「自分は仕事だけではなく，生活

表4-4 就活中の学生の事例（ワークシート①）

1位	2位	3位
慣習的（C）	現実的（R）	社会的（S）

この3つを選んだ理由は？ 自分なりの気づきは？

・データや数字を扱ったりパソコンに向かって一人こつこつするのは好きなので，1位は「慣習的」にした。ただ，ずっと座っているのは苦痛で，ほどよく体を動かしたい派なので「現実的」もいいなと思い2位に。サークルで後輩の面倒を見ていて楽しかったので「社会的」を3位にした。
・コンビニでバイトをしたことはないけど，具体的な仕事を想像すると結構自分の好みが出てくるんだなと思った。一番やりたくなかったのは「企業的」だった。

＊記入部分のみを表示

も大切にしたいし、全体の責任を一人で負うのではなく仲間と一緒に支えるような立場でがんばりたいのかもしれない」という新たな気づきも出てきました。

この方は、さらに興味や関心について細かく考えてみたいとのことで、ワークシート②にも取り組みました。表4-5のような結果となりました。

この簡易チェックでは、「現実的」が3、「慣習的・社会的・研究的」が2、という結果となりました。この方は結果を眺めて少し考えたあと、1位は数字にあらわれた通り「現実的」とし、2位と3位の区別をなくし3つをそのまま欄に記入しました。

最終的には、「自分は具体的な結果が得られることや現実的であることに最も重きを置いて

表4-5 就活中の学生の事例（ワークシート②）

□物を作る	□分析をする	□何らかの形で自己表現する	□人の手助けをする	□他人に影響を与える	□細かな作業をする
☑手や体を使って作業する	□数学や科学の知識を役に立てる	□柔軟性がある	☑人に教える	□人を管理する	□整理整頓する
□道具や機械を使って働く	□探求心や好奇心を発揮する	☑アイデアを出す	☑人とコミュニケーションをする	□リーダーシップを発揮する	☑データや数字を扱う
☑具体的な結果を得る	☑問題解決を考える	□美しいものを楽しむ	□悩みがある人を援助する	□人を説得する	□秩序を保つ
☑現実的なことを重視する	☑物事を観察する	□フィーリングや想像力を大切にする	□他者を理解する	□権威と責任を持つ	☑正確に処理する
R	I	A	S	E	C
3	2	1	2	0	2

1位	2位	3位
現実的（R）	慣習的（C）／社会的（S）／研究的（I）	

この3つを選んだ理由は？ 自分なりの気づきは？

・さっきの結果と微妙に違う部分が面白い。具体的な結果が得られることや現実的なことがやはり一番興味があるのかもしれない。
・同数2位が3つあったのも納得できる。特に強い興味領域があるのではなく、興味がいろんな方向にゆるやかに広がっているのが自分なのかもしれない。

おり，物事を冷静に観察しデータや数字を扱い，正確に処理をし問題解決を考えることに興味を持っている。その際に，ほどよく人ともかかわっていく環境があっているかもしれない」という自己認識にたどりついていきました。この学生さんは今回の気づきを参考に，自身の価値観や能力などの自己分析もしながら判断基準や優先順位を整理することができました。そして，特定の業界や組織規模だけにとらわれることなく，自分の判断基準や優先順位から企業を広くとらえて，選択肢を絞り込んでいくことができました。

このように，この学生さんは今回のワークを通して，自分にも興味領域があることをあらためて認識し，興味領域と職業選択を結び付けていくことで，自身の可能性が広がっていくことを知りました。

4-8　在職中の社会人の事例

次に，在職中の社会人を例に考えてみましょう。

この方は20歳代，就職活動では苦労はしたものの，なんとか小規模な出版社に就職。配属は予想もしていなかった総務・経理部であり，入社してはや5年ほど経ちます。総務・経理部は上司含めた3人で，それぞれが担当業務を持っています。日々の業務には慣れてきたものの，個々に仕事の種類が違うため他の人と協力しあうことは難しく，決められた法律や規則，やり方やルールに従った仕事をこつこつと一人でこなすような日々でした。「最初は知らないことばかりで無我夢中に仕事を覚えていたのですが，最近何だか毎日がつまらないというか……。会社や上司には特別不満はないのですが。このままでいいのかなと，時折焦る気持ちになったり……」

こうした状況のなか，この方はワークシート②に取り組んでみました。

この簡易チェックでは，「芸術的」は4，「社会的」は3，「研究的・企業的・慣習的」は1という結果となりました。この方は結果を眺めて少し考えたあと，「芸術的」「社会的」「研究的」という順位を記入しました。

最終的には，「自分はフィーリングや想像力，柔軟性を大切にし，アイデアを出すことや何らかの形で自己表現することに最も興味がある。1人で仕事をするだけではなく，人に何かを教え手助けをするなど，コミュニケーションをすることにも関心がある。仕事や生活の中で探求心や好奇心を発揮し続けたい」という自己認識にたどりついていきました。この方はこの後，半期毎に設定されている上司との面談時に思い切って相談してみました。「総務・経理の仕事の中で，想像力を発揮しアイデアを出すことや，人とのコミュニケーションの機会が多い業務があれば担当していきたい。会社の教育訓練制度を活用して何か新しいことも勉強してみたい」と。その結果，チーム内での担当変更を考えてもらうことができ，福利厚生の一環で行っている社内行事や社内相談窓口業務を担当させてもらえることになりました。人のキャリア形成を広く支援していく「キャリアコンサルタント」という国家資格があることも知り，会社

表4-6 在職中の社会人の事例（ワークシート②）

□物を作る	□分析をする	☑何らかの形で自己表現する	☑人の手助けをする	☑他人に影響を与える	□細かな作業をする
□手や体を使って作業する	□数学や科学の知識を役に立てる	☑柔軟性がある	☑人に教える	□人を管理する	□整理整頓する
□道具や機械を使って働く	☑探求心や好奇心を発揮する	☑アイデアを出す	☑人とコミュニケーションをする	□リーダーシップを発揮する	☑データや数字を扱う
□具体的な結果を得る	□問題解決を考える	□美しいものを楽しむ	□悩みがある人を援助する	□人を説得する	□秩序を保つ
□現実的なことを重視する	□物事を観察する	☑フィーリングや想像力を大切にする	□他者を理解する	□権威と責任を持つ	□正確に処理する
R	I	A	S	E	C
0	1	4	3	1	1

1位	2位	3位
芸術的（A）	社会的（S）	研究的（I）

この3つを選んだ理由は？　自分なりの気づきは？
・「芸術的」と「社会的」が特に高い結果だったことに驚いた。今やっている仕事は前例や規則に従わないといけないことが多く，一人でこなしている時間も多く，今回の結果と真逆の環境に近いかも。だから，つまらないと感じていたのかと納得した。 ・1となった3つのうち，データや数字を扱うのは嫌いではないけど日々やっていることだし，他人に影響を与えたい気持ちもあるが，「探求心や好奇心を発揮する」という表現に一番わくわくしたので3位は「研究的」にした。

からの費用負担も得たうえで休日を利用した学習も始めることにしました。この方は仕事の中で楽しさややりがいを感じることをあらためて思い出し，日々の仕事と生活に張りが出てきたことを実感されていました。

　このように，この方は今回のワークを通して自分の興味や関心の領域をあらためて認識し，その興味領域を現在の仕事環境や日々の生活と結び付けていくことで，自身の現在や将来が変化していく可能性があることを学びました。

4-9　今後に向けたワンポイントアドバイス

　章の最後に，それぞれのタイプが1位だった方へワンポイントアドバイスです。今後の参考にしてください。

◆現実的（R）

　このタイプの方は，現実的な，誠実な，断固とした，ねばり強い，控えめな，実利的，などの特徴を示すことが多いのではないでしょうか。自分の好む活動に専念できることや伝統的な価値観を大切にし，決められた規則のもとで働くことを望む場合も多いでしょう。

　その反面，興味や信念，価値観が異なる人を避ける傾向があり，どちらかというと狭い範囲の興味に専念することが多く，それが過度になると頑固，独断的，洞察に欠けた，頭の固い状態に陥るかもしれません。必要に応じて，柔軟に物事をとらえることや，人と広くかかわることをいとわないでください。

◆研究的（I）

　このタイプの方は，分析的，自立的，好奇心旺盛，注意深い，知的，合理的，内省的，出しゃばらない，などの特徴を示すことが多いのではないでしょうか。自由主義の目標と価値観を持って，新しい考えや経験に開かれている場合も多いでしょう。

　その反面，科学的，学究的な活動や業績に価値を置くあまり，それ以外の目標や価値，たとえば日々の生活や家庭の安定，深い交友関係などをそれほど重要とは考えない傾向もあり，批判的，悲観的，内気な傾向が過度になることもあるかもしれません。必要に応じて，多様な目標や価値があることを思い出し，日々の生活や他者との交流を楽しむ時間も確保してください。

◆芸術的（A）

　このタイプの方は，想像力や表現力に富む，独創的，内省的，直観的，開放的，自立的，理想主義的，感受性が強い，などの特徴を示すことが多いのではないでしょうか。自己表現に価値を置き，個性を大切にする方も多いでしょう。

　その反面，自分なりの美意識や審美的な業績に価値を置くあまり，従順とか論理的，責任には価値を置かず，興味や信念，価値観が異なる人を避けるかもしれません。そうしたことが過ぎると，きまぐれ，非実利的，感情的，反体制的，衝動的な傾向が過度になることもあるかもしれません。必要に応じて，人により多様な価値観があることを認識し，興味や価値観が異なる人との付き合いに面白さを見出し，従順さや論理性が求められる場合にはうまく順応してください。

◆社会的（S）

　このタイプの方は，付き合いがいい，協力的，社交的，共感的，親切，機転が利く，友好的，理解がある，寛容，暖かい，などの特徴を示すことが多いのではないでしょうか。人を助けることを好み，他者を理解し，教える能力や社会的スキルを持っている方も多いでしょう。

　その反面，社会的，倫理的な活動や課題に価値を置くあまり，理詰めで知的に考えることに抵抗したり，忍耐と精密さを求められることや具体的な手先を使った作業などにはイライラしたり，理想主義的な傾向が過度になることもあるかもしれません。必要に応じて，具体的で緻密な作業への意味を見出し，周りにかかわることばかりではなく個として内省する時間も大切にしてください。

◆企業的（E）

　このタイプの方は，冒険的，熱心，貪欲，精力的，楽天的，機転が利く，主張する，自信家，外向的，社交的，などの特徴を示すことが多いのではないでしょうか。リーダーシップがあり，人望があり，話術にもすぐれている方も多いでしょう。

　その反面，伝統的な価値観を持ち，他者をコントロールすることや大きな目標を抱くことに価値を置くあまり，権力を持てる立場を維持することに満足し，影響力が発揮できないことにいらつき，信念や行動を変えようとしない傾向が出ることもあるかもしれません。そうしたことが過ぎると，自己顕示欲の強さ，強気，傲慢な傾向が過度にあらわれることも。必要に応じて，他者を許したり支援したりすることの大切さを思い出し，自分の信念や価値観・行動だけを信じるのではなく，多様な視点を持つようにしてください。

◆慣習的（C）

　このタイプの方は，ねばり強い，順応的，実利的，良心的，規則正しい，従順な，有能，行儀のよい，事務的，などの特徴を示すことが多いのではないでしょうか。事務的能力や計算能力を持っており，構造化された組織や機関の中で働くことを好む人も多いでしょう。

　その反面，ビジネスや経済上の業績，確立したルールや実例，手続きに従うことに価値を置くあまり，上位者・権威者からの指示やアドバイスを過度に期待し，不明瞭な課題や多様な情報源からの情報をまとめるようなことに困難を感じることもあるかもしれません。必要に応じて，あいまいで自由な状況を楽しんだり，柔軟に考えたり，多様な価値観を持つ人々と交流する時間も大切にしてください。

文　献

Holland, J. L. (1997). *Making vocational choices* (3rd ed.). Odessa, FL: Psychological Assessment Resources. （渡辺三枝子・松本純平・道谷里英（共訳）(2013). ホランドの職業選択理論—パーソナリティと働く環境— 社団法人雇用問題研究会）

Holland, J. L.　日本版著者：日本労働研究機構（2002). VPI職業興味検査［第3版］手引き　日本文化科学社

5 レジリエンス

5-1 はじめに

　この章では，ライフデザインしていく中で遭遇する様々な困難を乗り越えていく術を身に着けましょう。計画したライフデザインがうまくいかない時，「挫折したまま，ライフデザインに向き合えない人」と「挫折から立ち直り，新たなライフデザインに向き合える人」がいます。その違いは何でしょうか？

　遭遇する困難を乗り越えていく際に大事になるのが，レジリエンス（resilience）という概念です。レジリエンスは，物理用語で，物体が元にもどろうとする弾力性のことです。

　最近は，「困難な状況にしなやかに適応して生き延びる力」という，心理学的な意味合いで使われるケースが増えています。日常的な言葉に言い換えると，「折れない心」とか，「回復する力」になります。

　計画したライフデザインがうまくいかない時，「立ち直り，新たなライフデザインに向き合える人」は，レジリエンスが高い人と考えられています。現在，レジリエンスの概念は，個人から企業組織に至るまで，社会の様々な場面で，備えておくべき力として注目を集めています。今後，変化が激しい世界の中で計画したライフデザインを実現していく上で，必要不可欠な力になっていくと思います。

5-2 レジリエンスが重要なワケ

　レジリエンスがなぜ，大事なのでしょうか。

　学生，社会人にかかわらず，ライフデザインを実現していく中，様々な困難に遭遇すると思います。たとえば，職場での課題，会社のリストラ，家庭内のトラブルなど，なかなか一筋縄では解決できない問題にも遭遇すると思います。また変化の速い現代社会では，これから先のみなさんを取り巻く環境は一層複雑になると予想されています。

　そのような変化が激しい世の中を生き延び，新しい環境や人生課題に際して柔軟に対応して乗り越えていく力がレジリエンスです。米国心理学会では，「トラウマ，悲劇的な脅威，ストレ

スの重大な原因などの逆境（家族や重要な他者との関係性の問題，深刻な健康問題，職場や経済的なストレッサー等）に直面した時，それにうまく適応するプロセス」であり，かつ，「レジリエンスは性格など個性ではなく，人々の行動や思考，行為に普遍的に含まれ，誰もが学習することが可能であり，発展させることができるもの」と定義されています。

　ここで大事なのは，「レジリエンスは性格など個性ではなく，人々の行動や思考，行為に普遍的に含まれ，誰もが学習することが可能であり，発展させることができるもの」ということです。今，レジリエンスが低い人でもトレーニングによって，高めていけるのです。

5-3　レジリエンスの診断ツール1について

　レジリエンスの具体的な内容については研究者によって諸説があります。日本の研究者と米国の研究者でも細部が微妙に異なっています。これは「どのような環境で生きる，どのような人」にとってのレジリエンスなのか，という想定している対象者が異なっていることが一因です。

　ここでは日本の成人を対象に仕事以外の領域も含むライフキャリアを想定して考察されたレジリエンス（ライフキャリア・レジリエンス：高橋ら，2015）をご紹介しましょう。ライフキャリア・レジリエンスとは「不安定な社会においてもライフキャリアを築き続ける力」で，「長期的展望」「継続的対処」「多面的生活」「楽観的思考」「現実受容」の5つで構成されています（表5-1参照）。

　表5-2は高橋ら（2015）が作成した成人版ライフキャリア・レジリエンス尺度（短縮版）です。この尺度に回答することで自分のライフキャリア・レジリエンスの特徴を簡単にとらえることができます。回答して今のあなた自身の特徴を確認しましょう。

表5-1　「ライフキャリア・レジリエンス」の因子の具体的な内容（高橋ら，2015）

概念	説明
長期的展望	長期的視野を持ち，今できることを積極的に行う姿勢を持っている
継続的対処	先々の見通しを立てながら継続的に対応しようとする姿勢を持っている
多面的生活	仕事以外の趣味や活動にも積極的に取り組む姿勢を持っている
楽観的思考	将来に対して肯定的な希望を抱く姿勢を持っている
現実受容	現実的な思考をすることができ，積極的に事実を受け入れていく姿勢を持っている

表 5-2　レジリエンス診断ツール1「成人版ライフキャリア・レジリエンス尺度（短縮版）」20 項目
(高橋ら，2015)

概念	質問項目	非常によく当てはまる (6)	かなりよく当てはまる (5)	やや当てはまる (4)	あまり当てはまらない (3)	ほとんど当てはまらない (2)	全然当てはまらない (1)
長期的展望	長期的な展望に基づいて計画を立てることが大事だと思う						
	すぐに成果が出なくても，今できることをやることが大事だと思う						
	結果が見えなくてもやってみることが大事だと思う						
	どのような経験も将来の役に立つと思う						
継続的対処	経験したことのないようなできごとが起きてもおちついて行動できる						
	困った時に一人で悩まなくてもよいように，人とのつながりを幅広くもつようにしている						
	危機的な状況に出会ったとき，それに立ち向かっていける						
	常に，新しいチャンスを見のがさないように準備している						
多面的生活	人生では，仕事以外に，楽しめるような趣味をもちたいと思う						
	人生では，仕事以外の活動でも満足感を得たいと思う						
	人生では，仕事以外の時間も充実させたいと思う						
	人生では，仕事以外の目標も持ちたい						
楽観的思考	ものごとが思ったように進まない場合でも，きっとなんとかなると思う						
	嫌なことがあっても，いつまでもくよくよと考えない						
	困ったときでも「なんとかなるだろう」と考えることができる						
	将来についていつも楽観的である						
現実受容	必要に応じて目標のレベルを下げることができる						
	自分には達成できないとわかった目標には，いつまでもこだわらない						
	現実にあった目標を立てることができる						
	自分の立てた目標に問題があると感じたら，もう一度目標を立て直すことができる						

5-4 レジリエンスの診断ツール2について

次に筆者が相談活動の中でライフキャリア・レジリエンスを育てるために考案したツールを紹介します。

表5-3のツールは，ライフキャリア・レジリエンスを高める5つの項目についての具体策を記入して，今後の取り組みを明確にすることが目的です。

5つの項目について，3つの具体策，全部で15の具体策を記入できるようになっています。

表5-3　レジリエンス診断ツール2

概念		日常生活で実践できる具体策
長期的展望	1	
	2	
	3	
継続的対処	1	
	2	
	3	
多面的生活	1	
	2	
	3	
楽観的思考	1	
	2	
	3	
現実受容	1	
	2	
	3	

5-5 回答のポイントとツールでわかること

診断ツール1では，日常生活，および，ライフデザインを考える時に，自分が感じていることを率直につけてみてください。何事もできなかった過去の自分でもありませんし，理想とする自分でもありません。今の自分を率直に数値化してください。

診断ツール2では，ライフキャリア・レジリエンスを高める5つの項目について，今からできる具体策を記入してみてください。日常の小さなことで構いません。自分ができることを挙げてみてください。

診断ツール1，2を活用してどのようにライフデザインができるのでしょうか？　次の節では2つの具体例を紹介しています。これに倣ってあなたのライフデザインを充実させてください。

5-6　就活でなかなか内定がもらえない女子学生の例

まず，就活中の大学4年の女子学生の仮の事例で考えてみましょう。

この女子学生は，就活中ですが，なかなか内定をもらえず，思い悩んでいます。

就活の方針を決めずに，「とりあえず，自分の趣味のスポーツ関連の会社を片っ端に受けてみよう！」ということで活動を始めました。周囲の人たちにも相談しませんでした。自分の強みも把握していませんでしたし，仕事で何かを実現したいという目標もありませんでした。

もともと楽観的な性格だったので，不合格が続いても就活は続けていました。

割と平常心で頑張っていたのですが，ある会社の面接官から，「あなた何も考えていないね。本当に就職して働く気があるのかな」と言われて，「本当に自分は何をしたいのだろう」と，さすがにへこみました。この面接官からの言葉が心に刺さり，就活を前向きに取り組むことができなくなってしまいました。

そんな時に，ふと立ち寄った書店で，ライフキャリア・レジリエンスが紹介されている本に出会いました。この女子学生は，ライフキャリア・レジリエンスの結果，表5-4のようになりました。

この女子学生の最大の特徴は，「長期的展望」が低いことです。実はこの女子学生はこれまで，目の前の就活にかかわる課題に取り組むだけで精一杯でした。自己分析，企業研究，面接対策など，周囲に遅れをとらないように，日々全力でこなしてきました。企業から内定をもらうことだけが目的になってしまい，ライフデザインの視野がとても狭くなっています。「長期的展望」の数値を高めるには，5年後，10年後の将来を見据えた上でのライフデザインが必要になります。就活というキャリアの転機を活用して，「長期的展望」を持ってライフデザインを考える習慣をつけることが大事になります。

また，「現実受容」も低い結果になりました。自分の趣味を活かした仕事ができれば理想的ではありますが，仕事のイメージは漠然とし，現実的な就活の目標設定がうまくいっていません。これまでの応募結果を分析して，再度，就活の目標を見直すことが必要です。「現実受容」は，現実に直面して柔軟に目標設定を変えることなどをしているうちに，次第に数値は上がってきます。

そして，「継続的対処」もやや低い結果になっています。就活でうまくいかず，危機に遭遇していますが，一人で思い悩んでいるだけで周囲の人に相談できていません。自分の人的ネットワークを活用し，大人からのアドバイス等を活用することによって，危機に遭遇しても活動し続けることができる「継続的対処」の術が養われます。

5 レジリエンス

表5-4 女子学生の診断ツール1の結果

長期的展望：6　継続的対処：8　多面的生活：21　楽観的思考：20　現実受容：7

概念	質問項目	非常によく当てはまる (6)	かなりよく当てはまる (5)	やや当てはまる (4)	あまり当てはまらない (3)	ほとんど当てはまらない (2)	全然当てはまらない (1)
長期的展望	長期的な展望に基づいて計画を立てることが大事だと思う						●
	すぐに成果が出なくても，今できることをやることが大事だと思う					●	
	結果が見えなくてもやってみることが大事だと思う					●	
	どのような経験も将来の役に立つと思う						●
継続的対処	経験したことのないようなできごとが起きてもおちついて行動できる						●
	困った時に一人で悩まなくてもよいように，人とのつながりを幅広くもつようにしている					●	
	危機的な状況に出会ったとき，それに立ち向かっていける					●	
	常に，新しいチャンスを見のがさないように準備している				●		
多面的生活	人生では，仕事以外に，楽しめるような趣味をもちたいと思う	●					
	人生では，仕事以外の活動でも満足感を得たいと思う		●				
	人生では，仕事以外の時間も充実させたいと思う	●					
	人生では，仕事以外の目標も持ちたい			●			
楽観的思考	ものごとが思ったように進まない場合でも，きっとなんとかなると思う			●			
	嫌なことがあっても，いつまでもくよくよと考えない	●					
	困ったときでも「なんとかなるだろう」と考えることができる		●				
	将来についていつも楽観的である		●				
現実受容	必要に応じて目標のレベルを下げることができる					●	
	自分には達成できないとわかった目標には，いつまでもこだわらない						●
	現実にあった目標を立てることができる					●	
	自分の立てた目標に問題があると感じたら，もう一度目標を立て直すことができる					●	

一方,「多面的生活」の数値は高い結果になりました。もともと仕事が全てではないという価値観を持っています。幼い頃から,平日は仕事に打ち込み休日は趣味を楽しむ,そのような両親のライフスタイルに接してきました。両親が趣味のダイビングはインストラクター並の腕前だし,部活のラクロスも高校の時からレギュラーです。最近は流行りのボルダリングも始めました。このように多様な趣味を楽しむことは,ライフデザインをする上で,とても大事な要素になっています。

また,「楽観的思考」の数値も高いです。もともと,これまでも困難なこと,たとえば,第一志望の大学に落ちてしまった時も気持ちを切り替え,「合格した大学で勉強できることを頑張ろう!」と思えました。また,ラクロスの大会で負けてしまった時も「次の大会で頑張ればいいや」と,気持ちを切り替え,次の大会に臨むこともできました。

この女子学生は,ライフキャリア・レジリエンスを高めて就活を乗り切るために,次に診断ツール2に取り組みました。表5-5が結果です。

この女子学生は特に低かった「長期的展望」と「現実受容」について,日々の暮らしの中で表のような具体策を心がけることにしました。自分の将来と希望する企業の将来を重ねて考えるように心がけて長期的な展望を検討する中で,なぜ自分の就活がうまく行かなかったのかが見えてくるようになりました。企業の将来を考えたときに,自分は求められている人材ではなかったのです。就職を希望する企業の将来を考えたときに,自分がどのような人であればよい

表5-5　女子学生の診断ツール2の結果

概念		日常生活で実践できる具体策
長期的展望	1	仕事だけではない,家庭,趣味などについても,10年後の理想像を書き出してみる
	2	今,取り組んでいることが将来,どのように繋がるか,具体的に考えてみる
	3	企業研究について,企業のIRの情報などから,長期的な企業情報を収集して行う
継続的対処	1	就活の相談ができる相手を書き出し,具体的にアクションを起こし,相談してみる
	2	仕事のように,就活に取り組む。たとえば,就活プランを立て,計画することを意識してみる
	3	今,実施している早朝ウォーキングを,週1日から週2日に増やす
多面的生活	1	趣味のダイビングで,インストラクター資格を取る
	2	ラクロスは,安定的にレギュラーとして,試合に出られるようになる
	3	ボルダリングの愛好会に入り,仲間を増やす
楽観的思考	1	就活で楽観思考を養う。たとえば,就活の長期化を,様々な業界に触れる機会ととらえる
	2	就活中の不合格を「人生勉強」ととらえてみる
	3	ラクロスの試合での失敗について,できなかったと深刻にならず,課題として冷静にとらえる
現実受容	1	就活の状況に照らし合わせて,目標の修正をしてみる。たとえば,大企業から中小企業へ
	2	就活がうまくいかないことを,冷静に受けとめ,分析してみる
	3	何か苦手なこと,やりたくないことに遭遇しても,受けとめる

のかを考える習慣が少しずつ身に着いてきました。そして不採用になった経験をふりかえって，自分に足りないものが具体的に見えるようになってきました。こうしてライフキャリア・レジリエンスを高める中で，就活を通して成長することができて，いくつかの会社から内定を得ることができました。

5-7 業績が上がらないことを指摘された男性社員の例

次に仕事一筋で頑張ってきた，20代半ばの男性の仮の事例で考えてみましょう。

この男性社員は，営業一筋で仕事を頑張ってきた人です。入社以来，誰よりも朝早く出勤し，夜遅くまで仕事に没頭してきました。しかし，一生懸命に頑張るものの，どうしても業績が上がらない苦しい状況が続いています。自分でも，どうして実績が上がらないのだろう，と悩んでいた時，会議で課長に叱責されました。「お前なあ，朝早くから夜遅くまで働いているのに，この成績は何だ！」とみんなの前で叱責され，ひどく落ち込みました。落ち込んで，「俺にはこの仕事，向いていないのかあ」と悩んでいます。仕事にも前向きに取り組むことができなくなってしまいました。

何とかしたいと思う中で，何かヒントをつかみたいと書店の心理・啓発書コーナーに立ち寄ったところ，ライフキャリア・レジリエンスが紹介された本を見つけ，診断ツールをやってみました。その結果，表5-6のようになりました。

「多面的生活」の数値が低い結果になりました。結果を見て，その男性も気づいていましたが，あらためて，仕事一筋で他のことに時間を割いていないことを実感しました。プライベートの充実など，ワークライフバランスも，ライフキャリア・レジリエンスを高めるために大事な要素になります。そして，この男性社員は，「学生時代，サークルで打ち込んでいたテニスを始めてみよう。それから，婚活のイベントにも参加してみようかな」と思えるようになりました。

また，「楽観的思考」の数値が低い結果になりました。学生時代から，ネガティブ思考のクセがありました。何か人に自分の欠点を指摘されると，自分の全てを否定されたように思い悩んで，立ち直るまでに相当に時間を要しました。他の人にとっては些細な事でも大きなストレスになってエネルギーを奪われてきたのです。ライフキャリア・レジリエンスを高めるためには「楽観的思考」を高めて，物事を前向きにポジティブに考える習慣が大事になります。

一方で，「長期的展望」の数値は高い結果になりました。学生時代から漠然とではありますが，将来の自分について自ら考え，周りのメンバーに伝え，議論する機会も自分で作ってきました。

「継続的対処」も高い数値になりました。ネガティブな思考になりながらも，上司，先輩にアドバイスをもらい，まったく活動がストップしてしまうことはありませんでした。高い業績は出せなくても，必要最低限の業績は出していました。自分の上司，先輩に頼り，力を借りながら，何とか破滅的な状況は回避してきました。

この男性社員は，ライフキャリア・レジリエンスを構成する5項目全部を具体的に取り組み，

表 5-6　男性社員の診断ツール 1 の結果

長期的展望：20　継続的対処：18　多面的生活：7　楽観的思考：7　現実受容：18

概念	質問項目	非常によく当てはまる (6)	かなりよく当てはまる (5)	やや当てはまる (4)	あまり当てはまらない (3)	ほとんど当てはまらない (2)	全然当てはまらない (1)
長期的展望	長期的な展望に基づいて計画を立てることが大事だと思う	●					
	すぐに成果が出なくても，今できることをやることが大事だと思う		●				
	結果が見えなくてもやってみることが大事だと思う		●				
	どのような経験も将来の役に立つと思う			●			
継続的対処	経験したことのないようなできごとが起きてもおちついて行動できる			●			
	困った時に一人で悩まなくてもよいように，人とのつながりを幅広くもつようにしている		●				
	危機的な状況に出会ったとき，それに立ち向かっていける			●			
	常に，新しいチャンスを見のがさないように準備している		●				
多面的生活	人生では，仕事以外に，楽しめるような趣味をもちたいと思う						●
	人生では，仕事以外の活動でも満足感を得たいと思う					●	
	人生では，仕事以外の時間も充実させたいと思う						●
	人生では，仕事以外の目標も持ちたい				●		
楽観的思考	ものごとが思ったように進まない場合でも，きっとなんとかなると思う						●
	嫌なことがあっても，いつまでもくよくよと考えない					●	
	困ったときでも「なんとかなるだろう」と考えることができる					●	
	将来についていつも楽観的である					●	
現実受容	必要に応じて目標のレベルを下げることができる		●				
	自分には達成できないとわかった目標には，いつまでもこだわらない		●				
	現実にあった目標を立てることができる			●			
	自分の立てた目標に問題があると感じたら，もう一度目標を立て直すことができる			●			

数値を上げることによって，ライフキャリア・レジリエンスを高め，会社での苦しい局面を乗り切っていけると思います。

　この男性社員は，ライフキャリア・レジリエンスを高めて現状を乗り切るために，次に診断ツール2に取り組みました。表5-7が結果です。

　特に低かった「多面的生活」と「楽観的思考」を日々の暮らしの中で心がけるように努め続けました。性格的に仕事が気になって婚活イベントなどに参加するのも気が引けたこともありましたが，「これも仕事のため」と割り切って参加してみたところ，思った以上に楽しく，気持ちが晴れる体験をすることができました。すると仕事にも新鮮な気持ちで取り組めるようになりました。そして上司に叱られたり，欠点を指摘されてもツール2のように考えやすくなってきました。こうして，ライフキャリア・レジリエンスが高まった男性は前よりも活き活きと仕事に取り組めるようになりました。

表5-7　男性社員の診断ツール2の結果

概念		日常生活で実践できる具体策
長期的展望	1	10年後の仕事キャリアの明確化と，この1年間の目標設定と具体策の立案をしてみる
	2	婚活イベントへの参加をきっかけに，家庭生活のマネープランの設計をしてみる
	3	経営的な視点を身に着けるために，中小企業診断士の資格取得の勉強を始める
継続的対処	1	キャリアの相談ができる社外の人脈を作る
	2	社内の先輩で，話をしたい人を月1人誘ってランチをする
	3	中小企業診断士の資格取得の勉強をするために，1時間早く起きて，勉強時間を作る
多面的生活	1	学生時代やっていたテニスを復活し，月1回は汗を流す
	2	婚活イベントに参加してみる
	3	学生時代のネットワークを復活させるため，参加していなかった同窓会に参加する
楽観的思考	1	上司からの叱責を，「早めに怒られてよかった」「気づく機会が得られた」ととらえてみる
	2	自分の欠点を長所としてとらえる。「慎重な性格」を「リスクに気づくことができる」と，とらえなおす
	3	周囲からの「欠点の指摘」を，周囲の人からの「愛情」ととらえてみる
現実受容	1	日頃から，達成できない目標に対して，柔軟に修正する姿勢になる
	2	目標を下げてみる。たとえば，入社時設定した5年目でグループリーダーという目標を下げる
	3	上司からの指摘を前向きに受けとめ，「具体的な課題」にとらえなおす

5-8 アドバイス

　章の最後に，ライフキャリア・レジリエンスを高めるために，それぞれの項目を高めるコツをお伝えします。これをヒントにして，ライフキャリア・レジリエンス力を高めるためのトレーニングをしてくださいね。

1. 長期的展望
　短期的な視野だけではなく，5年後，10年後の長期的な視野で人生を考えてみましょう。機会を作って，仕事，家庭，趣味，レジャーなど，トータルな人生のことを考えてみましょう。

2. 継続的対処
　ものごとがうまく進まなくても，気持ちを落ち着けて取り組んでいけるようになりましょう。そして，そのことに対応してうまくいったら，次のことについて考えることを心がけましょう。
　また，何かうまくいかない時は，自分の周りの人に相談しながら，諦めずにうまくいくまで取り組む習慣を作っていきましょう。

3. 多面的生活
　仕事だけではなく，自分の生活全体をふりかえって，見直してみましょう。仕事以外の時間の使い方を考えてみて，普段とは違ったことに取り組んでみましょう。自分の日常生活をふりかえってみて，様々なことに興味・関心を持てているのか，確認してみましょう。

4. 楽観的思考
　辛い出来事に遭遇しても，「何とかなる！」と自分の心を奮い立たせてみましょう。そして，ネガティブなことをポジティブに言い換えてみましょう。
　自分が弱みととらえていることも強みにとらえ直してみましょう。たとえば，「周囲の人に対して，思ったことを口に出してしまう」という自分のネガティブな性格も「正直で，誠実，率直な憎めない人」と言い換えることで，楽観的な思考が育ちます。また，「優柔不断で決断も苦手」というネガティブな性格も，「周囲の意見を，柔軟に取り入れることができる」と言い換えることで，プラスの印象を与えます。

5. 現実受容
　もし，達成したい目標を達成できなくても，そのレベルを柔軟に変えてみましょう。そして，新たな目標を立てることをしてみましょう。
　できないことを受け入れるのは，負けを認めることではありません。現実を受けとめるところから，次の勝利に向けての歩みが始まります。

文　献

Kersting, K. (2005). Resilience: The mental muscle everyone has. *APA（American Psychological Association）, 36,* 42.

高橋美保・石津和子・森田慎一郎（2015）. 成人版ライフキャリア・レジリエンス尺度の作成　臨床心理学, *15*(4), 507-516.

【コラム3】自分の物語を取り戻そう。サヴィカスのキャリアストーリーインタビュー

　あなたは「あなたのキャリア」という物語の主人公です。ただ，変化の激しい現代社会に翻弄されると，自分の物語を見失いがちになるのも一つの事実です。そこでキャリア心理学者のサヴィカス（M. L. Savickas）は現代社会における「あなたの物語」を再発見する方法を提案しました。

　サヴィカスによると現代社会のキャリアは「**職業的パーソナリティ**（職業の向き不向き：興味関心，価値観，欲求，才能）」と「**キャリア適合性**（状況に関わる準備状態：未来への関心，探究心，主体性と決断力，実現する自信）」，そして「**ライフテーマ**（職業選択の理由：自分のキャリアの意味や必然性の発見）」の掛け算で構成されています。私たちが自分の物語を生きるには，この3つについて自分なりの答えを持っている必要があります。

　では自分を見失った時には，どうすれば再発見できるのでしょうか？　サヴィカスによると次の5つの問い（キャリアストーリーインタビュー）に答えることでそのヒントを見いだせます。第1の問いは**「子ども時代に誰に憧れ，尊敬していましたか？」**です。これは「なりたい自分」の原体験を探る質問です。第2の問い「**よく見る新聞，雑誌，webサイト**はなんですか？　その面白さを教えてください」は興味のある活動や環境の種類を探る質問です。

　続く第3の問い「**本や映画など，今最も面白いと思うストーリー**はなんですか？　その面白さを教えてください」は「今」を探る質問です。人は今の自分と重ねることができるストーリーに興味を持ちます。日本の場合は曲やミュージシャンの世界観に自分を重ねる人も多いようです。

　第4の問い「あなたの**好きな名言や格言**はなんですか？　どのようなところが好きですか？」はあなたが共感している戒めや教訓，成功法則を探る質問です。すぐに浮かばない場合もありますが，じっくり考えてください。最近聞いた言葉で印象に残っているものでも構いません。

　そして第5の問いは「子ども時代の思い出を教えてください。**3歳から6歳の間に起きた3つのストーリーを教えてください**」です。この問いは実は今の状況や自分自身をどのようにとらえているかを探るものです。サヴィカスによると人は過去をふりかえる時に無意識に今を投影します。「今」にダイレクトに直面化すると動揺したりショックを受けたりします。ですが，「あのときの自分はこうだった。このように乗り越えた。今の自分は……」と「過去の自分の物語」を通して少し距離をおいてみると冷静に考えやすくなります。特にキャリアの転機を迎えて「この先どうしたら……」と不安になっている方には大事な質問です。

　これらの問いはお一人で考えるのが難しい場合もあります。その場合は信頼できる身近な人やキャリア・コンサルタントなど相談のプロに一緒に考えてもらうのもいいでしょう。大事なことは自分の物語を見失わないことです。見失いかけた時にはこのコラムを思い出して，自分に問いかけ，そして信頼できる人と一緒に考えましょう。

【文献】渡部昌平（編）（2017）. 社会構成主義キャリア・カウンセリングの理論と実践　福村出版

6 「ライフ−キャリア・レインボー」「ライフ・ロール」：私の役割は何？

6-1 はじめに

　私たちは，日常生活で企業人，家庭人など，複数の役割を同時に担っています。また，最近，働き方改革が進む中で従業員と企業の関係性や，家庭内の父親，母親に求められる役割などが変化しています。たとえば，企業では在宅勤務という働き方が新しいトレンドになってきました。家庭でも「主夫」「育メン」など，夫婦間の役割分担も変化しています。

　この章では「ライフ−キャリア・レインボー」「ライフ・ロール」という概念から，あなたが人生の展開の中で複数の役割をどのように担うのか，考えてみましょう。スーパー（D. E. Super）というキャリア学者は，個人が各世代で複数の役割を担い，キャリア発達していくプロセスをその2つの概念を使って説明しました。

　「ライフ・ロール」とは，多くの人がその人生で担うことになる役割や立場のことです。次の8つに分類されます。子ども，学生，職業人，配偶者，家庭人，親，余暇を楽しむ人，そして，市民です。8つの「ライフ・ロール」の始まりと終わり，および，相互の重なり合いをあらわすモデルが「ライフ−キャリア・レインボー」で表現されています。ここからはあなたのキャリアについて，企業，家庭，地域社会などにおける役割や立場から自分の人生の全般的なライフデザインを目指しましょう。

表6-1　8つのライフ・ロール

役割	内容
子ども	親との関係における子どもの役割
学生	学ぶ場所，テーマは人それぞれですが，学ぶ立場の役割
職業人	雇用形態，働く場所は人それぞれですが，仕事をする立場の役割
配偶者	形態は様々ありますが，結婚後の夫，妻の役割
家庭人	世帯を持ってから始まる役割
親	子どもを持ったときから始まる役割
余暇を楽しむ人	趣味，スポーツ等，余暇を楽しむ人の役割
市民	地域社会のボランティア等を行う立場の役割

6-2 この章が重要なワケ

　私たちは，生涯を通じて相互に影響がある 8 つの「ライフ・ロール」を担い，毎日を送っています。「ライフ・ロール」に関する悩みとして，たとえば，「職業人」の役割に没頭しすぎると，「配偶者」「家庭人」および「親」としての役割が疎かになり，バランスが崩れ離婚などにつながる可能性があることが挙げられます。つまり，私たちは，限られた時間の中で，それぞれの役割にどれだけの時間を投資するかを考え，全体がうまく回っていくようにバランスを取ることが求められます。

　また，今後，労働時間が短くなれば，家庭で過ごす時間，趣味・レジャーに充てる時間，および，地域活動に割く時間などが増えていきます。単に労働時間を減らすだけなく，人生を楽しむためのライフデザインも必要になってきます。

　さらに，医療の進展などにより人の寿命が延びて，人生 100 年という時代も現実味を帯びています。人生 100 年の中で複数の仕事を経験することが当たり前になれば，学びの時間や機会も増え，一生の中で何回か，「学生」という役割を経験するかもしれません。このような時代にあっては，人生のそれぞれの役割を明確にしながらも，状況に応じて複数の役割を統合していく柔軟なライフデザインの考え方が必要になってきます。

6-3 ライフ・ロール診断ツール 1 について

　このツールの目的は，現在の 8 つの「ライフ・ロール」について，それぞれがどのくらいの割合を占めているのか，自らの判断で数値化して自分の特徴を客観的に分析することです。次に，総合的なキャリアの充実度がどれくらいかを把握することです。

　まず，8 つの「ライフ・ロール」について，現状，それぞれの役割の時間配分をふりかえり，どれくらいの割合（％）で担っているのか，数値化してみます。8 つの「ライフ・ロール」を全部足して 100％になるようにします。

　次に，それぞれの「ライフ・ロール」における充実度を数値化します。

　そして，最後に，それぞれの役割の割合（％）と充実度（点）を掛け合わせて，「キャリア充実度」（点）として点数化します。この「キャリア充実度」を合計した数値が，「総合的キャリア充実度」（点）になります。

　このツールを使うことによって，現状の日常生活で埋没しがちな人生での役割を明確にすることができます。また，充実度を掛け合わせることにより，それぞれの役割に割いている時間だけでなく，それぞれの役割の内容，質も分析できます。

　以上のように，各個人の「総合的キャリア充実度」を上げていくための対策を，その役割の割合と内容の 2 軸で考えることができるツールです。

6-4 ライフ・ロール診断ツール2について

このツールの目的は、まず、現状は漠然としている将来の「ライフ・ロール」と、その理想的な割合を具体的にイメージできるようにすることです。次に、理想的な「ライフ・ロール」を達成するための方法を具体的に書き出すことにより、漠然としている将来像を具体的な目標に転換することです。

このツールの副次的な効果は、理想的な「ライフ・ロール」を言語化して、他者からも「見える化」することにより、周囲からのサポートを受けやすくなることです。

まず、8つの「ライフ・ロール」について、5年後の理想的な「ライフ・ロール」の割合（％）を数値化します。次に、その理想的な「ライフ・ロール」の内容を具体的な言葉で表現します。さらに、理想的な「ライフ・ロール」を実現するために必要な具体的な取り組みを書き出します。

このツールを使うことにより、今後の理想的なキャリアの役割を明確にすることができます。また、それぞれの役割に割いている時間だけでなく、その役割に割く時間の内容も分析できます。

以上のように、各個人の将来の「総合的キャリア充実度」を上げていくための対策を、その役割の割合と内容の2軸で考えられることができるツールです。

6-5 回答のポイント

「ライフ・ロール」の割合は、まずは、それぞれの役割に割いている時間配分を土台にして、心理的に占める割合も考慮に入れ、主観を交えて決めても構いません。

充実度の数値化は、これまでの人生の中で一番充実していたことを思い出して、その時の自らの感覚を100点として、設定してみてください。

また、達成するために取り組む課題については、一つに絞り込む必要はありませんので、思いつく限り、書き出してみてください。

ここで「ライフ・ロール」という概念に出会った二人の結果を分析しながら、「ライフ・ロール」を材料に描けるライフデザインについて考えていきましょう。

6-6 就活までまだ時間がある大学2年生Aさんの場合

Aさんは大学2年の女子学生です。入学後、1年経ち学生生活も安定してきましたが、Aさんは、「就活まで時間はあるけど、将来について考えなければならない」と、少し不安や焦りを感じています。でも、将来に向けて、何を学び、どのようなことに取り組んでいけばよいのか、きっかけがつかめない状況でした。

何か手がかりをつかみたいAさんは、大学の授業の中で「ライフ・ロール」の概念に遭遇し

Aさんのライフ・ロール診断ツール1の結果

Aさんのライフ・ロール診断ツール1の結果は表6-2のようになりました。

Aさんは結果を見て，以下の気づきがありました。まず，「総合的キャリア充実度」は50点で，Aさんは「中途半端な数字だな」と思いました。「学生」が占める割合は40％と低く，「学生であるからには，もっと学業の割合を高めていかなければならない」と，あらためて，学業に専念できていないことを実感しました。

次に，「子ども」が占める割合も25％で，「意外に高いなあ。まだまだ私は子どもなのだな」と，親に依存して自立していないことをあらためて実感しました。そして，日頃はあまり意識していませんでしたが，親に対する感謝の念も生じました。

「職業人」としてはアルバイトに割いている割合が15％と比較的高いにもかかわらず，充実度が30点と低いことが，「総合的キャリア充実度」全体に大きな影響を及ぼしていることに気づきました。さらに「余暇を楽しむ人」の充実度は90点で高いものの，その割合は20％で，最近，趣味に費やす時間が減ってきていることを感じました。

表6-2　Aさんのライフ・ロール診断ツール1の結果

役割	割合	充実度	キャリア充実度	課題	解決策の方向性
子ども	25%	30点	7.5点	親に依存している。心配をかけている。ちゃんと話ができていない。	精神的自立。親とのコミュニケーション。今後のキャリアについて，両親と相談してみる。
学生	40%	50点	20点	バイトなどで，学業に専念できていない。何を中心に学んでいくのか不明確。	ライフデザインをして，長期的なキャリアを考え，将来に向けて，今，何を学べばよいか，考え，実践してみる。
職業人	15%	30点	4.5点	バイトで忙しくなっている。学業の妨げになっている。	バイトのシフトを変えてもらう。時間を減らす。夜のバイトを控える。
配偶者	0	0	0	まだ，イメージできていない。	たまには，5年後，10年後，トータルなライフデザインを考えてみる。また，友人とも話し合ってみる。
家庭人	0	0	0	まだ，イメージできていない。	たまには，5年後，10年後，トータルなライフデザインを考えてみる。また，友人とも話し合ってみる。
親	0	0	0	まだ，イメージできていない。	たまには，5年後，10年後，トータルなライフデザインを考えてみる。また，友人とも話し合ってみる。
余暇を楽しむ人	20%	90点	18点	自分の趣味は充実している。	最近，バイトで忙しくて，趣味の時間に充てる時間がおされがち。
市民	0	0	0	まだ，イメージできていない。	友人の参加している，子どもの読み聞かせ，のボランティアに参加してみる。
総合的キャリア充実度			50点		

現状，Aさんの「総合的キャリア充実度」を上げていくためには，学生本来の学業に，もっと時間を割き，その内容，質を充実させる必要があります。また，「職業人」のアルバイトについても，ただお金を稼ぐ手段という位置づけを，「働くことについて様々な面から学ぶ場」ととらえ方をすることで充実度を上げることも可能だと思われます。さらに，「職業人」の割合を減らすことにより，「余暇を楽しむ人」の割合を上げ，生活全体を楽しめるような状況に促すことも重要だと思われます。また，このシートを記入することにより，日常生活に埋没しがちな「子ども」の役割が想起され，「自立しなければならない気持ち」と，「親への感謝の気持ち」に気づくことができたという収穫もありました。

　このようにこのツールは，日常生活では埋没しがちなキャリアの中での役割を明確にすることができます。また，それぞれの「キャリア充実度」も掛け合わせることにより，それぞれの役割に割いている時間だけでなく，その内容，質を見直す材料も提供してくれます。

Aさんのライフ・ロール診断ツール2の結果

　Aさんの5年後の理想の「ライフ・ロール」を書き出す診断ツール2の結果は表6-3のようになりました。

表6-3　Aさんの理想のライフ・ロール診断ツール2の結果

役割	割合	将来の状況 （どのようになっているか）	実現するために取り組むこと
子ども	10%	良好な親子関係。	何でもオープンに相談できるようになる。
学生	10%	大学を卒業してからは就職したので，当然，学びの占める割合は減ったが，趣味，資格取得など，その時に応じた学びの時間を割き，取り組みができている状態。	資格を取得するための勉強。趣味を充実させるための勉強。
職業人	50%	任された仕事は一通りできるようになっている。リーダー的な役割を担っている。	納得のいく企業に就職する。そのためには，これからの学生生活の中で，インターンシップ等に参加しながら自己理解を深め，自分がやりたいことを模索する行動を継続する。
配偶者	0	まだ，イメージできていない。	将来的にどのような家庭を築きたいのか，具体的なイメージが持てるような行動ができている。
家庭人	0	まだ，イメージできていない。	将来的にどのような家庭を築きたいのか，具体的なイメージが持てるような行動ができている。
親	0	まだ，イメージできていない。	将来的にどのような家庭を築きたいのか，具体的なイメージが持てるような行動ができている。
余暇を楽しむ人	20%	学生時代から取り組んでいる趣味については，継続して，その趣味が生活の柱になっている。人的ネットワークも広がっている。	学習を深める。人脈を広げる。
市民	10%	趣味で取り組んでいることを地域に広める役割を担っている。	学習を深める。人脈を広げる。人に教えるノウハウの習得。

Aさんの結果の分析と今後の方向性

　Aさんの気づきとして，まず，「職業人」としての割合を50％に設定したことがあります。Aさんのイメージでは，「あまり仕事の割合が高いと，やっていけないのでないか」という不安がありました。一方で，50％も割合がある「職業人」としての役割が充実していないと，「総合的キャリア充実度」が高くならないことに気づきました。だからこそ，5年後，理想的な「ライフ・ロール」を実現するためには，自分で納得のいく就活ができて，自分がやりたいことに取り組める仕事に従事していることが大事だと認識しました。

　そのためには，今からは早いかもしれませんが，徐々に企業のインターンシップに参加しながら，自分がやりたい仕事の判断軸を着々と準備していきたいと，ライフデザインのモチベーションが上がりました。

　そして，「余暇を楽しむ人」の割合を維持していきたいという自らの気持ちに気づき，今の趣味を将来の自分の生活の柱にしていきたいと感じていることに気づきました。仕事も大事だけれど，今の趣味を生涯を通じて継続して深めていくことも，同じくらい大事だとあらためて感じました。そして，趣味を軸として，自分の学びの方向性も統合的に考えていけたらと思いました。さらに，「自分の趣味が将来の仕事にもつながっていけばいいな」というイメージができました。

　それから，プライベートでは「親」という役割を考える中で，「子どもが欲しい」という具体的なイメージがわき上がってきました。5年後には，結婚もせず子どもがいないかもしれませんが，このワークをすることにより，自分の中で家庭，子どもを持つことを，よりリアルに感じることができました。

　また，将来，「家庭に入っても，仕事を続けていたい」という具体的なイメージがわいてきました。

　そして，「子育てしながらやれる仕事は何だろう」ということも，発展的，具体的に考えました。たとえば，家でパソコンを活用しながら，WEBデザインの仕事はできるかもしれないと思いました。いずれは子育てしながらも取り組める仕事を探したいけれど，それまでの通過点として，どのような仕事に就き，どのようなスキルを身に着ければよいか，より現実的にイメージできるようになってきました。

　以上のように，5年後のキャリアの状況について，以前より，具体的な像がイメージできるようになり，大学時代に何を学ぶのか，具体的な目標が見えてきました。

6-7　入社5年目のサラリーマン男性Bさんの場合

　Bさんは，20代半ばのIT系のシステムエンジニアです。Bさんは入社5年目で，5人のチームリーダーを任され，新人の教育担当にもなっていました。Bさんは仕事もテキパキこなし，上司，メンバーからの評価が高く，順調にキャリアを積み上げていました。しかし，最近の数

か月は，毎日，仕事に追われ体調を崩していました。

そして，会社と家の往復だけの毎日になり，生活に潤いがなくなってきました。週末，趣味のサッカーで汗を流す時間も作れず，徐々にストレスが溜まっていきました。また，長期的なキャリアの見通しもなく不安が募ってきました。長期的なビジョンがないので，休日も漫然と時間を浪費してしまい，何をやろうとしてもモチベーションが継続しませんでした。

次第に残業が長くなり，それに伴って睡眠不足が続き，ミスも多発して「このままでは，だめだ」と悩んでいた時，会社が契約しているカウンセラーに相談した際に「ライフ・ロール」という概念に出会い，診断ツールを使った個人ワークをしてみました。

Bさんのライフ・ロール診断ツール1の結果

Bさんのライフ・ロール診断ツール1の結果は表6-4のようになりました。

Bさんの「総合的キャリア充実度」は37点でした。思っていたより，低い得点でした。Bさんは，診断ツールを自ら分析してみて，「職業人」の割合が極めて高く，あらためて，自分が仕事人間だということに気づきました。日々の生活をふりかえると，自宅と会社の往復で終わっ

表6-4 Bさんのライフ・ロール診断ツール1の結果

役割	割合	充実度	キャリア充実度	課題	解決策の方向性
子ども	10%	50点	5点	親に依存。	一人暮らしも検討してみる。
学生	0	0		最近，何も学んでいない。資格にでもチャレンジするか。	仕事上，取りたい資格がある。今まで取り組もうとは思って，忙しさの中で踏み出せなかった。まずは，学校の説明会に参加してみよう。
職業人	80%	30点	24点	あまりにも会社人間。仕事の割合を下げるのが課題。	自分で「ひとりノー残業デイ」を週1回作ろう。早く帰れる日は，資格取得のための学校に行ってみよう。
配偶者	0	0		今は考えていないが，今のままでは，場合によっては，一生独身か。	婚活イベントに，試しに参加してみる。
家庭人	0	0		今は考えていないが，今のままでは，場合によっては，一生独身か。	同期の中で家庭を持っている人に，家庭を持つってどういうことか，今度，聞いてみよう。
親	0	0		今は考えていないが，今のままでは，場合によっては，一生独身か。	同期の中で子どもがいる人に，子育てについて聞いてみよう。
余暇を楽しむ人	10%	80点	8点	サッカーはたまにやっている。	サッカーチームのコーチをやらないか，と言われている。コーチを引き受けてみようかな。
市民	0	0		学生時代，子どもたちの学習支援のボランティアに関わっていたけど，今，できていない。	自らの学ぶ習慣をつけるために，少しでも時間を作って，久々にボランティアに参加してみるか。
総合的キャリア充実度			37点		

ていることを痛感しました。

　また，Bさんは，「子ども」の役割を記入して，あらためて，大人になっても「子ども」の役割があることを認識しました。現状，Bさんの両親は健康で，介護は課題になっていませんが，「子ども」として，自分の親を介護しなければならないことを初めて意識しました。

　また，「余暇を楽しむ人」の割合が10%で，全くプライベートの時間が取れていないことに愕然としました。

　社会人になりたての頃はサッカーが趣味で地元のクラブチームで活躍していましたが，今は仕事が忙しく全くやっていません。あらためて，趣味のサッカーを復活させることと，地元でサッカーチームのコーチを引き受けることにトライしてみたいと思いました。

Bさんのライフ・ロール診断ツール2の結果

　5年後の理想の「ライフ・ロール」についてライフ・ロール診断ツール2を実施して，結果が表6-5のようになりました。

　Bさんはライフ・ロール診断ツール2を通して，現状の課題であったキャリア全体の中での「職業人」の割合を下げることで，「余暇を楽しむ人」の割合を高め，趣味のサッカーを復活できる余裕が生まれることを実感できました。そのことにより，生活全体に潤いが生まれて，モチベーションを上げてキャリアを歩むイメージが持てることを実感できました。

表6-5　Bさんのライフ・ロール診断ツール2の結果

役割	割合	将来の状況 （どのようになっているか）	実現するために取り組むこと
子ども	10%	親の介護のことに，少し備えができている。	地元の地域包括支援センターを訪問してみる。介護をしている友人に体験談を聞く。
学生	10%	5年前に資格取得に取り組んだことで，日常的に学ぶことが習慣になっている。	長期的な学びのプランを立てる。年間計画。長期計画。
職業人	55%	残業時間が減っている。効率的に仕事をしていくスキルが上がっている。	効率的に仕事をするための意識づけと，方法論を確立，実行。仕事上の役割は重たくなっているが，生活のバランスを考えながら，仕事をする習慣をつける。
配偶者	0	将来の配偶者と，お付き合いをしている。	仕事に偏った生活習慣を改めて，時間ができれば，様々な場に参加してみる。
家庭人	0	将来の配偶者と，お付き合いをしている。	仕事に偏った生活習慣を改めて，時間ができれば，様々な場に参加してみる。
親	0	将来の配偶者と，お付き合いをしている。	仕事に偏った生活習慣を改めて，時間ができれば，様々な場に参加してみる。
余暇を楽しむ人	15%	5年前にサッカーコーチを引き受けたが，5年後の今も継続している。	仕事と生活のバランスがとれる時間の使い方。継続することが難しいと思っても，継続していく意志。
市民	10%	5年前に子どもの学習支援を引き受けたが，5年後の今も継続している。	仕事と生活のバランスがとれる時間の使い方。継続することが難しいと思っても，継続していく意志。

また，割合は低いものの，「学生」の役割を維持することによる，学び続けることの重要性を感じました。現状，自分が有している知識，スキルなども，時代の変遷の中で陳腐化していくことも想定されるので，常に新たなものを自分にインプットしていく重要性を感じました。

具体的には，5年後のキャリアを想定して，今できる「学び」は何かを考えることの大事さに気づきました。たとえば，仕事に関連した資格を取ることは，「学び」の役割にも「職業人」にも関わりがあることに気づきました。すなわち，それぞれの役割を重ねて考えると相乗効果が出て，違う領域にもよい影響を与えていくことを実感しました。

また，「余暇を楽しむ人」としてサッカーチームのコーチを引き受けることは，趣味を充実させることで人生に潤いをもたらすと同時に，「職業人」として，リーダーシップ，マネジメント力を身に着けることにもつながることに気づきました。そして，Bさんは，プライベートの充実の重要性にも目がいくようになりました。また，これまで結婚は考えていませんでしたが，婚活もしてみようかな，という気持ちもわいてきました。さらに，「子ども」の役割として，親の介護に向けて，兄弟の間での役割分担をしておこうとも思いました。以上のように，5年後のキャリアの状況について，以前より，具体的な像がイメージできるようになり，それぞれの役割について具体的な目標と，課題解決のための具体策が見えてきました。

6-8 アドバイス

以上の二つの診断ツールによって，現状の「ライフ・ロール」の課題，解決策，そして，5年後の理想の「ライフ・ロール」を検討する方法を体験していただきました。

ここでは，各世代の「ライフ・ロール」を統合して，より充実したライフデザインをするためのポイントを，ハンセン（L. S. Hansen）が提唱した「統合的人生設計」（Integrative Life Planning）における重要な課題に基づき，アドバイスします。「統合的人生設計」という概念は，人生を，労働（Labor），愛（Love），学習（Learning），余暇（Leisure）という，4つの役割を組み合わせたキルト（パッチワーク）にたとえ，それぞれ組み合わされ，意味ある全体にするものです。

1. グローバルな視点から仕事を見つける

将来，取り組む仕事について視野を広げて検討してみることにより，自分の仕事の世の中での位置づけが見えるようになってきます。

ここでのグローバルという言葉は，必ずしも，海外の舞台で仕事をすることだけを指すのではありません。

目先のことで自分に合った仕事が見出せない時に，一歩引いて，広い視野で自分の手掛けたい仕事を探していくことを意味します。

そうすることによって，仕事に対するモチベーションが上がっていきます。

2. 人生を意味ある全体として織り込む

「意味ある全体として織り込む」という言葉が意味しているように，ライフデザインにおいては，各世代における個人の複数の役割と仕事をどのように組み合わせるかは，大事な視点です。

それぞれの役割が独立して機能するのではなく，他の役割との組み合わせを統合して意味のある全体として考えることにより，それぞれ役割が強化されていきます。

その結果，より力強くキャリアを歩んでいく原動力になります。

3. 家族と仕事を結びつける

章の冒頭に記述したように，働き方改革が進行していく中で，在宅勤務など「家族と仕事を結びつける」働き方は徐々に浸透しています。

今後，家庭内の男女が育児や親の介護などの課題について，それぞれがキャリアを持ちながら，どのように分担していくかを慎重に検討する必要があります。

ワークライフバランスでは，こちらを立てれば，あちらが立たずということになりかねず，「仕事と家庭を結びつける」，すなわち，「仕事と家庭を統合する」視点が必要になってきます。

プライベートなことに積極的にかかわりながら，その中で仕事も積極的に取り組むような，「職業人」と「家庭人」を統合したライフデザインも考える必要があります。

4. 多様性と包含性を大事にする

今後，個人の中での多様性を重んじることが大事になってきます。なぜなら，今後，個人の人生の中では複数の仕事を経験する時代になってくるからです。

そのようになると，一人の中の価値観，能力などの多様性を棚卸して明確にする必要があります。

ライフデザインにおいても，個人の中の多様性を包含する道を探ることが必要になってきます。そのことによって，各個人の可能性を広げることができます。

5. 内面的な意義や人生の目的を探求する

今後のライフデザインでは，「職業人」の役割を通じて，個人のキャリアの内面的な意義を見出すという考え方が大事になってきます。

「自分がかかわっている仕事にどのような意義があるのか」「その仕事をすることによる喜びは何か？」「その仕事に従事すると自分の内面はどのように変わるのか」について，自分に問いかけながら，「職業人」としての役割を果たしていくことが重要です。役職，給与などの外面的な価値だけに左右されない，内面的な意義を感じることが大事になってきます。

6. 個人の転機と組織の変化に対処する

AIの進展，グローバル化などの影響により，変化が激しい今後の世の中では，転機はいつ訪

れるかわかりません。会社のリストラ，倒産，および，自分の病気など，誰にでも想定しない転機が訪れる可能性があります。

そして，これからは，一人の人が一生の間に複数の仕事を経験する可能性もあります。

したがって，各個人が自分自身の人生の変化に対処する術を知ることが必要になります。そして，ライフデザインをする際には，個人や企業が転機の意味を知り，対処する方法を理解できるよう支援することが大事になります。

文　献

Super, D. E. (1980). A life-space, life-span approach to career development. *Journal of Vocational Behavior*, 16, 282–298.

Hansen, L. S. (1997). *Integrative life planning: Critical tasks for career development and changing life patterns*. Jossey-Bass.（平木典子・今野能志・今野能志・横山哲夫（監訳）　乙須敏紀（訳）（2013）．キャリア開発と統合的ライフ・プランニング―不確実な今を生きる6つの重要課題―　福村出版）

【コラム4】幸せな職業キャリアの絶対法則があった：仕事と付き合う6steps

　人生で最も時間を費やすのは職業です。そこで，職業キャリアを幸せにする絶対法則と考えられている「キャリア開発の6stepsモデル」をご紹介します。このモデルによると幸せな職業キャリアを送る人は「**①自己理解→②仕事理解→③啓発的体験→④意思決定→⑤実行（行動）→⑥職場適応**」のステップを辿っています。①は興味や能力などあなた自身をよく知ることです。この本全般にわたるテーマですが特に2章から6章と8章の前半がこれに該当します。1章4節で紹介した「やる気の方程式」における欲求と達成期待度があなたの場合は何なのか見つけてください。

　②は世の中に存在するビジネスモデルや職種，およびその職に就くルートを知ることです。業界研究や経験者から学ぶ必要がありますが，本書の8章の後半と9章の前半がその第1歩になります。③は①②を体験の中で実感し，必要に応じて修正することです。職場体験が重要ですが，7章と8章後半，9章後半，10章を参考にこれまでの体験を啓発に活かすこともできます。

　④は職業・職場選択の意思決定で，⑤はその意志を形にするプロセスです。学修や就職活動などが該当します。⑥はその仕事に馴染むプロセスです。本書では④の基礎を8章から10章で作れますが，④以降は頼りになる人に相談しながら進めると理想的です。

7 ご縁を引き寄せる生き方：
計画された偶発性

7-1 はじめに

　この章では，最近の変化の激しい世界において，明確なライフデザインの目標を設定できない時や設定した目標を見直さなければならない時に，有効なキャリア理論を学びます。それは，「計画された偶発性」理論です。この理論をシンプルに表現すると，「行動すれば，思わぬキャリアのチャンスに遭遇することがある」となります。関心を広く持ち，そして冒険心を持って積極的に行動すると，ライフデザインを実現するチャンスが得られるという考え方です。

　たとえば，この理論の提唱者である心理学者のクランボルツ（J. D. Krumboltz）の場合は学生時代に自分の専攻を決める時，相談したテニスコーチがたまたま心理学を専攻した人でした。そのコーチから心理学を勧められたという偶然のきっかけで心理学者となったのです。

7-2 この章が重要なワケ

　「計画された偶発性」理論が重要な理由は，現代社会の変化の速さに伴って，私たち自身も繰り返し変化しなくてはならなくなっているからです。現在，AI技術の急速な発達，ビジネスのグローバル化，働き方の多様化など，私たちを取り巻く社会環境は激しく変化しています。そのため長期的な見通しを持った，計画的な人生設計がしづらい時代になっています。

　さらに，平均寿命が延びることで，80歳でも働ける時代になっています。もしかしたら80歳まで働かなければならない時代になるかもしれません。人生が長くなったので，一つのキャリアで一生を乗り切ることが難しくなりました。そのため，生涯で何度かキャリアの転機が訪れます。そして転機のたびに，「どのようなキャリアを歩んでいくのか」を自分自身でデザインできる方法論が必要になっているのです。

　「計画された偶発性」理論は，まずは行動することですぐにでもライフデザインに取り組める理論です。想定外の転機に直面した時にとても便利です。この理論を活用して，あなたらしいライフデザインに取り組みましょう。

7-3　計画された偶発性診断ツール1について

　このツールは，自分の偶然の体験のエピソードをふりかえり，客観的に分析することが目的です。過去の偶然の体験の中で，ライフデザインに大きな影響を与えたエピソード，あるいは，そこまでの強烈な体験でなくても，自分のキャリアを見つめ直すきっかけになったエピソードなど，「偶然とはどのような体験なのか」をふりかえり，自分の特徴を理解するためのツールです。

　また，一人ひとり偶然の体験のとらえ方や遭遇した時の対処の仕方が違います。同じような偶然の体験に遭遇しても，自分のライフデザインにどのように取り入れるかによって，キャリアの歩み方に違いが出てきます。このツールはあなたの偶然の体験のとらえ方や受け止め方を確認して，これからの偶然の体験をあなたの人生に活かす準備をするものです。

　それでは，偶然の体験のエピソードを以下のポイントでふりかえってみましょう。これまでの偶然の体験の中から，自分にとって，重要だと思われる3つのエピソードをふりかえります。エピソードの選び方は，みなさんの判断で構いません。日常の小さな偶然の体験でも，自分の人生を左右する強烈な偶然の体験でもよいのです。

計画された偶発性診断ツール1

これまでの人生の中で，偶然の出会い（人，出来事）によって，ライフデザインが変化したことを挙げてください。また，その時，あなたがとった行動をできるだけ具体的に表現してください。

【エピソード1】

【エピソード2】

【エピソード3】

7-4　計画された偶発性診断ツール 2 について

「計画された偶発性」理論を実践するために，重要な 5 つのキーワードがあります。「好奇心」「持続性」「楽観性」「柔軟性」「冒険心」の 5 つです。「計画された偶発性診断ツール 1」で記入したエピソードをふりかえり，この 5 つのキーワードの軸で，自分の行動特性を分析し，5 つの行動特性の度合いを数値化します。

計画された偶発性診断ツール 2

行動特性	質問項目	かなり当てはまる (5)	やや当てはまる (4)	どちらともいえない (3)	やや当てはまらない (2)	全く当てはまらない (1)
好奇心	どんなことに対しても，好奇心を持って取り組むことができる					
持続性	どんなことに対しても，粘り強く頑張り続けることができる					
柔軟性	予想していなかったことに遭遇しても，柔軟に対応することができる					
楽観性	どんなことに遭遇しても，楽観的に受けとめ，行動することができる					
冒険心	自ら興味，関心があること対して，挑戦する気持ちを持っている					

診断ツールの回答のポイント 1

診断ツールに記入する内容は，人との出会いなどによって，自分のキャリア，考え方など，みなさんに何らかの変化を起こした偶然の出来事です。いつ，どこで，誰と，どのようなことが起こって，その時，どのように感じたかなど，できるだけ詳細にエピソードを表現します。さらに，偶然の体験の後の変化について記入します。エピソードをふりかえる時，表面的な出来事の事実だけでなく，自分の内面の感情の変化などをふりかえってみましょう。

たとえば，偶然の体験がきっかけで仕事が変わった，趣味が増えたなどの行動の変化や，キャリアに向き合う姿勢，考え方の変化などの内面の変化について，複数の視点で表現しましょう。過去の偶然の体験を思い出す時に，「これは偶然なのかな？」と，判断がつかないことがあるかもしれませんが，あくまでも自分の主観で結構です。自分で偶然だったと思うことを表現してみてください。

診断ツールの回答のポイント2

偶然の体験をした時のシーンを具体的な映像として思い浮かべたり，その時の感情を再現させるなど，五感をフル活用して思い出してみてください。そして，5つの行動特性についての説明に基づき，自分の感覚で構いませんので，点数化してみてください。あくまでもみなさんの主観で結構です。

それでは，実際に二人の事例をもとにしながら，偶然の体験を分析してみましょう。

7-5 女子就活生Aさんの場合

Aさんは，大学3年の就活生で公務員を志向しています。

Aさんの両親は，父親が市役所の職員，母親が公立中学校の教員で，両親とも公務員です。そのような家庭環境もあり，Aさんは自然と公務員志向になっていきました。でも，同級生が様々な業界のインターンシップに参加して，そのリアルな感想を聞く中で，「私の進路は本当に公務員でいいのだろうか」と，自分のライフデザインに対する疑問が初めてわいてきました。

「本当にやりたいことは何なのか」，初めて自分に向き合って考えたいと思いました。

そんな中，「計画された偶発性」理論に遭遇しました。まず，Aさんは，診断ツール1に取り組みました。

Aさんの診断ツール1の結果

【エピソード1】

小学校時代，ダンススクールに通っていた仲のよい友人が同じ誕生日でした。
そんな偶然もあり，二人はユニットを組み，ダンスに打ち込んでいました。
今でも友人とのつきあいは続いています。
手前味噌になりますが，ダンスの上達は早く，先生からは，「Aさんは才能があるから本格的にやってみない」と，さらに上のクラスでのレッスンを勧められました。
でも，私は自分に自信がなく，断ってしまいました。
その後，中学受験に専念するため，ダンススクールは辞めてしまい，その後，ダンスはやっていません。

【エピソード2】

中学時代，たまたま，テニスサークルの説明会に参加しました。
全くやる気はなかったけど，何となくの流れで，1日体験入部しました。
これまで，ダンス以外はあまり運動をしていませんでしたが，テニスをやってみると，自分に合っている気がしました。
集団スポーツは苦手意識がありましたが，テニスは自分に向き合えるスポーツだからです。
でも，高校受験の時に辞めてからは，ラケットは物置でほこりをかぶっています。

【エピソード3】

大学に入学して，カウンセリングを学びたいと思って，専門学校のガイダンスに参加しました。
たまたま隣りあった学生が，出身地が同じでした。
二人とも入学し，授業ではいつも隣り同士で，以来，よいつきあいが続いています。
Aさんは，カウンセラーになろうと思っていましたが，別の友人から「あなたカウンセラーに向いてないと思う」と言われ，なんとなくカウンセラーの道は断念してしまいました。

Aさんの診断ツール2の分析結果

Aさんは，3つのエピソードを分析して，「計画された偶発性診断ツール2」を使って，計画された偶発性の5つの行動特性について点数化したところ，以下の結果になりました。

行動特性	質問項目	かなり当てはまる (5)	やや当てはまる (4)	どちらともいえない (3)	やや当てはまらない (2)	全く当てはまらない (1)
好奇心	どんなことに対しても，好奇心を持って取り組むことができる	●				
持続性	どんなことに対しても，粘り強く頑張り続けることができる				●	
柔軟性	予想していなかったことに遭遇しても，柔軟に対応することができる		●			
楽観性	どんなことに遭遇しても，楽観的に受けとめ，行動することができる			●		
冒険心	自ら興味，関心があること対して，挑戦する気持ちを持っている					●

「好奇心」は高い数値になりました。Aさんは，好きなことを大事にした偶然の体験を通じて，自分の世界が広がったり，新しいことにわくわくしたり，心が動かされる体験をしています。一方で，「持続性」が低い結果になりました。

偶然の体験がきっかけで始めたことを，ちょっとした挫折経験や中断しなければならない出来事に遭遇する中で，中途半端に辞めていることに気づきました。そして，その後の偶発性のチャンスを活かすまでに継続できていないことがわかりました。

同時に，Aさんは，一歩踏み込む「冒険心」が足りないと思いました。その時，「もう一歩踏み込めば，もっと自分を変えられたのに」「将来につながる何かを得られたのに」と，後悔の気持ちもありました。「ちょっとしたリスクを負ってみる」「怖いけどやってみる」「苦手だけど取り組んでみる」などの「プチ冒険心」を意識して行動すると，偶発性の可能性が上がるかもしれないと感じました。

Aさんの今後の方向性

今後，Aさんのライフデザインにおける偶発性を高めるためには，「好奇心」が高いという行動特性を活かすことが大事になります。今までは，自分の趣味や遊びなどに好奇心を持って，新たに行動することはしてきました。その「好奇心」をライフデザインに活用する方向性です。

たとえば，就活をする中で，「好奇心」をフル活用して，未知の業界のインターンシップに参

加してみる，新たな働き方を模索してみる，あるいは，思い切って先輩に話を聞いてみる，などです。自分の興味関心がある商品，サービスを扱っている会社のインターンシップに参加する中で，「仕事のやりがいとは何か」を考えてみることも検討したいですね。

Aさんは，好きなことなら，行動も起こせ，一歩踏み込む「冒険心」も高めることができるはずです。「好奇心」が高いことを活用して，「冒険心」を上げていくやり方です。そして，好きなことだから，「持続性」も高めることができるはずです。

その後のAさんの変化

Aさんは，「日々，少し冒険してみよう」と，心がけて行動してみました。希望していない業界のインターンシップにも積極的に参加してみました。Aさんは，たまたま人材紹介会社のインターンシップに参加して，初めて人材サービス業界の仕事を知りました。これまでは，「人に感謝される仕事＝公務員」という図式の考えでした。Aさんは，人材紹介会社の仕事も，自分のように職業を探している人と，良い人材を採用したい企業の両方から感謝される仕事として，とらえることができ，「人に感謝される仕事」の選択肢の幅が広がってきました。

Aさんは，人材サービス業界という新たな選択肢の模索を始めました。そして，「冒険心」を持って，人材サービス業界の中でも様々な会社を訪問してみようと思いました。また，一度決めた目標も，その時の自分の気持ちに従い，柔軟に修正していこうと思いました。

「これまでは公務員を志望してきたが，それは自分の視野が狭かったからかもしれない」と，就活の目標は柔軟に考えていこうと思えるようになりました。もし，第一希望の会社が不合格になったとしても，常に「持続性」を持ちながら活動をしていくことに決めました。不合格になった面接の中にも学ぶことがたくさんある，仕事内容に対する知識が増え，これまで全く知らなかった業界の知識が増えた，と思えるようになりました。

7-6　入社3年目の男性サラリーマンBさんの場合

次に，入社して3年目の食品業界の男性営業マンBさんの例を見てみましょう。

現在，大卒の新卒の3年以内の退職者が約3割という中，Bさんも会社を辞めたいと思うことはありました。しかし，縁あって入社したのだからという思いもあり，何とかこれまで頑張ってきました。一通りの仕事は覚えて，任された仕事はこなせるようになり，自分に自信が少し持てるようになってきました。

これまで順調でしたが，最近は，一生懸命にやっても成果につながらないと悩んでいました。取り組んでいる仕事にも興味が持てないスランプに陥りました。そもそも初めて内定をもらった会社で，入りたい業界の会社でもありませんでした。

Bさんは，本当は自動車業界に入りたかったのです。ドライブするのが大好きだったし，車を手入れするのも大好きでした。「やっぱり，自動車関連の仕事をしたいな」という思いが大き

くなってきました。

　そんな中，業績が上がらず，集中力に欠けるBさんは課長から叱責されました。「仕事，やる気があるのか。最近，ぼーっとしているぞ！　もっと緊張感を持って仕事をしろ！」と，かなり厳しく言われました。Bさんはひどく落ち込むと同時に，「今の仕事は自分に向いているのか」「果たしてこの会社でこのままキャリアを積んでいくのが本当によいのか」，真剣に思い悩むようになりました。そんな時に，「計画された偶発性」理論に出会い，自らのキャリアを考える機会を得ました。

Bさんの診断ツール1の結果

【エピソード1】

大学のサークル選びの際，全く知らないことをやってみようと，偶然，説明会に参加したのがサッカーサークルでした。
もっと上手くなろうと，地元のサッカーチームにも飛び込みで参加しました。
働きながらサッカーは続けていて，今ではチームの中核メンバーで，運営を担う幹部の一人になりました。

【エピソード2】

就活中は，他の人のアドバイスは聞かず，自分で道を切り開くことを貫きました。
自信を持って就活に臨みましたが，度重なる面接不合格を経て，自信喪失状態になってしまいました。
「俺は本当にだめだ。採用してくれる会社なんてないんだ」と，自暴自棄になったこともありました。
どん底の落ち込みの中，偶然，インターンシップに参加したのが今の会社でした。
その業界に興味があったわけではありませんでしたが，社長の理念が素晴らしかったので，志望度を高めました。
インターンシップ中，たまたま，社長と話をする機会があり，直接，社長のビジョンを聞くことができました。そして，「この人のもとでがんばろう！」と直感的に決めてしまいました。
その後，話はトントン拍子に進み，内定，そして，入社することになりました。

【エピソード3】

入社してから，営業に配属されました。
なかなか業績が上がらず，気持ちもふさぎがちでした。そんな時，落ち込んだ気持ちのまま，飛び込みで訪問した会社の社長が，偶然，同じ大学の出身でした。
この社長から同じ大学の卒業生が集まる会を紹介されて，思い切って参加しました。
その中のある1社の社長と懇意になり，その出会いがきっかけで受注することができました。

Bさんの診断ツール2の分析結果

　上記3つのエピソードを分析して，Bさんは以下のように点数化しました。

　まず，「冒険心」は高い数値になりました。取り組みたいテーマや会いたい人など，目の前に対象が見つかると，飛び込んでいく勇気もあるなど，「冒険心」があることにあらためて気がつきました。ふりかえると，就活でも，仕事でも，重要な局面で「冒険心」を発揮して，偶然の体験に遭遇していました。

　一方，「柔軟性」が低いこともわかりました。これだと思うことには，猪突猛進して前に進めることができますが，一度，決めた道を方向転換するのが難しいという自分の特徴に気がつき

行動特性	質問項目	かなり当てはまる (5)	やや当てはまる (4)	どちらともいえない (3)	やや当てはまらない (2)	全く当てはまらない (1)
好奇心	どんなことに対しても，好奇心を持って取り組むことができる			●		
持続性	どんなことに対しても，粘り強く頑張り続けることができる		●			
柔軟性	予想していなかったことに遭遇しても，柔軟に対応することができる					●
楽観性	どんなことに遭遇しても，楽観的に受けとめ，行動することができる				●	
冒険心	自ら興味，関心があること対して，挑戦する気持ちを持っている	●				

ました。また，「楽観性」が低いことがわかりました。ネガティブな出来事に遭遇すると，何事もマイナスに考えてしまう傾向があることに気づきました。これまで，何らかのチャンスに遭遇したこともありますが，もっと楽観的に考えて行動していれば，さらなる偶然に遭遇して，もっと大きなキャリアの節目を創造する可能性があったのではないかと思いました。

Bさんの今後の方向性

　Bさんは，自分に確信が持てることには「冒険心」を持って取り組めていますが，自分とは違う価値観を柔軟に取り込むことができていませんでした。そこで，Bさんは，自分が想定していた仕事とは違う今の仕事について，柔軟に考えてみようという気持ちになりました。まずはやってみようということになりました。

　想定外の仕事への取り組みに，もともと持っている「冒険心」を活かそうということになりました。自分では違うなと思うことでも，持ち前の「冒険心」を持って，取り組むことができれば，想定外のキャリアに遭遇する可能性も出てきます。

　また，「楽観性」を高めるために，怒られたことを学びの機会ととらえ直してみようと思いました。叱責は課長の愛情だととらえることにしました。「自分の仕事の進め方を見直すチャンスをもらった」「説教されたのが，今の若い頃でよかった。もっと歳を重ねていけば，誰も指摘はしてくれない」と，物事のとらえ方の変換をしていこうと思いました。「柔軟性」を上げるためには，他の人のアドバイス等を受け入れてみようと考え方の転換を図っていくことにしました。

その後のBさんの変化

　Bさんは，強みの「冒険心」を発揮しながら，「柔軟性」と「楽観性」を高めていく方向で，日々の行動を具体的に変えていこうとアクションしました。今のキャリアに行き詰まりを感じていたBさんは，先輩からのアドバイスを柔軟に受けとめ，新たな事業立ち上げスタッフに異動希望を出しました。たまたま，自動車業界とタイアップして，ドライブしながら楽しめるスナックを開発するという新たな会社の取り組みの仕事で営業の経験者を求めていました。

　Bさんは，持ち前の「冒険心」を発揮して，この社内募集に手を挙げました。そして，会社も認めてくれて，自分の力でやりたい仕事にかかわることができました。そして，上司からの叱責についても，素直に受けとめ，集中して仕事に取り組むことができるようになりました。

　新しい部署では，最初戸惑いはありましたが，「柔軟性」を発揮して，周りの先輩方に色々と教わって，仕事のスタイルを柔軟に変えていきました。短期間で新しい職場に馴染むことができました。まだまだ，仕事上の課題はあるものの，周囲からのプレッシャーは周りからの期待だと楽観的に受けとめ，悶々とすることはなくなりました。

7-7　5つの行動特性を磨き，偶発性を高めるためのアドバイス

　この章の最後に，5つの行動特性を高めるためのコツをお伝えします。以下の5つの行動特性を持っている人が，より確実な偶然を引き寄せることができます。

1. 好奇心

　自分の専門や関心事だけに心を閉ざさず，未知の分野にまで視野を広げ，様々なことに関心を持ちましょう。

　学生であれば，企業への就職を考えている人も，あえて，農林水産業など，全く考えていない分野の説明会などに参加してみることをお勧めします。働くことについて新たな気づきがあるはずです。

　そして，インターンシップで出会った人たちと交流を持つなど，新たな人的ネットワークを構築してみましょう。

　また，就職先としては想定していなかったけれど，インターンシップに参加したところ，面白そうだと思った企業があったら一歩踏み込んで調べてみましょう。新しいキャリアとの出会いがあるかもしれません。

　企業人であれば，自分の趣味の集まり，学生時代の同窓会などに参加したり，新たな試みにアンテナを張り，新たなチャレンジや出会いに積極的に触れてみましょう。新たなライフデザインのヒントがつかめるかもしれません。

2. 持続性

最初にうまくいかなくても諦めずに続けてみましょう。これでいけそうだと手応えを感じたり，自分の向き不向きを判断するためには，人一倍の努力や粘りが必要になります。

また，一気に結果を出そうとするのではなく，土台を固め，じっくり取り組むことが大事です。途中で諦めてしまう傾向がある人は，目の前のことを粘り強く，継続的に取り組んでみましょう。継続しているうちに，自信が持てて，新たなことに手を挙げられるかもしれません。

学生であれば，企業に応募して落ち続けても継続していくことが大事です。また，ある特定の領域を学び続ける，同じアルバイトを継続してみる，部活でも成果が出なくても，諦めずに継続的に頑張ってみる，なども「持続性」を高めることにつながります。

企業人であれば，自分のキャリアにマンネリを感じている人も，少し角度を変えて，目の前の仕事に継続的に取り組んでみることも大事です。諦めずにやり続けてみることによって，偶然の成功体験が創造できるかもしれません。

3. 柔軟性

常にオープンマインドで，こだわりを捨て，「どんなことも受け入れよう」という気持ちを持ってみましょう。そうすれば，軽やかにライフデザインを描いていけます。

学生であれば，自分と考え方が違う人がいても，受け入れてみましょう。また，当初立てた学業や就活の目標がうまくいかなかった時，その時に応じて目標を柔軟に変更してみましょう。

企業人であれば，一度，決めたライフデザインについて，外部環境の変化，自分の気持ちの変化を受けとめ，柔軟に考えてみることも大事です。また，友人など，他者の視点を入れてみて，自分のライフデザインについて柔軟に考えてみましょう。

4. 楽観性

遭遇するネガティブな出来事を悲観的に受け止めるのではなく，自分の知らない，新たな世界に飛び込むチャンスだとポジティブにとらえてみましょう。

どんな出来事も本人が楽観的に受け止めることができれば，自分のライフデザインをプラスに転じることができます。

学生であれば，自分がやりたいことが見つからなくても，いつか出会いはあるはず，と思って行動することが大事です。何度か面接に失敗して不合格になっても，苦手な面接官に遭遇しても，悲観的にならないことです。何とかなるさの精神で，常に前を向いて目の前のことに取り組む姿勢を持つことで偶然の体験が起こる確率が高まります。

企業人であれば，たとえ，上司に叱責されても，自分に対する愛情表現だと思って前向きにとらえましょう。

5. 冒険心

ライフデザインを実現していく中では，自分の思い通りにならず，辛い場面に遭遇することもあるかもしれませんが，その先に素晴らしい世界が待っているかもしれないと思って，積極的にリスクを取ることも必要になります。

学生であれば，少し怖いけど，未知の業界のインターンシップに勇気を出して参加してみるなど，少し冒険してみましょう。自分がイメージできない業界の会社，自分にとってレベルが高いと勝手に思っている会社のインターンシップに参加してみるなど，実行に移してみましょう。小さな冒険の積み重ねが，大きな冒険をする時の力になるでしょう。

企業人であれば，少し怖いけど，苦手だと思っている仕事にチャレンジしてみる，苦手な先輩，上司と話す場を自分から作ってみるなど，実行に移してみましょう。自分にとってハードルが高いと思っている仕事にチャレンジしてみる，副業にチャレンジしてみる，などもよいでしょう。日常のプチ冒険の積み重ねによって新たなキャリアが展開する可能性があります。

文　献

Krumboltz, J. D., & Levin, A. S. (2004). *Luck is no accident*. Atascadero, CA: Impact Publishers.（花田光世・大木紀子・宮地夕紀子（訳）(2005). その幸運は偶然ではないんです！　ダイヤモンド社）

【コラム 5】あらゆるピンチはチャンスである。「転機」を乗り越える「4つの"S"」

たとえば，あなたが切望していた就職または転職の希望先から落選通知が届いたとします。多くの方はこのような場面で失意を経験することでしょう。この状況をピンチ（危機）とみなして感情的になるかもしれません。

キャリア学ではこのようなタイミングを「転機」と呼びます。転機を考察したシュロスバーグ（N.K. Schlossberg）は転機に上手に対応する方法を考えました。それによると社会的立場，役割，人間関係，日常生活，そして考え方，これらの変化のほぼすべてが転機です。したがって人は生涯で何度も転機を経験することになります。そして転機を「想定外で個人の対応力を超える出来事が起こった事態」と「期待していたことが起こらなかった事態」に分け，前者を**イベント**，後者を**ノンイベント**としました。対応に戸惑う事態もピンチになりえますが，期待通りに事が進まないこともやはりピンチになり得ます。

ただ，あらゆるピンチはチャンス，すなわち転機です。シュロスバーグはピンチをチャンスに変える方法を提案しました。まず「**状況（situation）**」のポジティブな側面をとらえましょう。イベントならそのメリット・デメリットを見極めてメリットを最大化する展開を，ノンイベントならそれによって逆にできるようになったことに注目します。次にその状況の中で「**自分自身（self）**」の得意なことの活かし方を考えましょう。また独りで抱えずに身近な人や専門家など助言や援助を与えてくれる人の「**支援（support）**」も求めましょう。最後にこれらを整理してとり得るアクションの「**戦略（strategies）**」を構成しましょう。この方法は各キーワードの頭文字が"S"なので，"4つのS"とも呼ばれています。

なお，戦略には「"**転機**"**を作り変える戦略**」と呼ばれるものもあります。たとえば難しい要求をされたようなイベントなら要求の見直しを求める戦略も有効な手段です。また，「"**転機**"**の意味を変える戦略**」と呼ばれるものもあります。たとえば，離婚なら喪失感に浸るのではなく「離婚式」を開催して二人の新しい人生への祝福を受ける，失業なら自伝的なエピソード（いわゆる"ネタ"）として人に笑いと教訓をもたらす物語に仕立てる，などがこれに当たります。

【文献】杉山崇（編）(2015). 入門！産業社会心理学　北樹出版

8 業界・企業研究の極意！ その1：
「強み」を活かせる業界の発見

　第8章で紹介する自己分析と企業研究の方法は，就職または転職によってあなたのキャリア形成がよりよい方向に展開できるかの鍵になるものです。単に「仕事に就ければなんでもよい」と思って就職・転職活動をするなら，ここで紹介する内容はそれほど重要ではありません。ですが，自分が活きるフィールドでキャリアを積んでいきたいと思うのならば，あなたの中に眠っている「強み」を見つけて，それを最大限に発揮できる企業（ビジネスモデル）や職種を探し出しましょう。

8-1 「強み」とは変わりにくいもの

　この章で言う「強み」とは，あなたが「自信を持ってできる」ことです。言い換えればあなたが行動するべき「動詞」とも言えます。迷いながら行動していてもよい結果はついてきません。迷わずに適切な行動をするために，あなたが成すべき「動詞」をこの章で確認しましょう。

　自分の動詞がわかれば自分が進むべき道もより明確になります。結果的に自分に合っている企業を選んでいくことができるでしょう。企業選びのポイントは自分の強みをその企業の中でどのように活かせるかのヴィジョンです。組織は人が集まって作るものなので，人々の強みが活きれば組織力も強くなります。企業は組織を強くしてくれる従業員がほしいのです。したがって，就職・転職活動では自分の強みが入社したい企業でどのように組織強化に役立つのかをアピールをすることが重要です。そのために，まずは強み探しに取り組んでみてください。

　強みは持って生まれた才能に経験値が積み重なることで，知識や技術としてあなたが身に着けたものです。心理学では「手続き記憶（技巧・技能）」や「スキーマ（知識や課題解決プロセスの体系）」と呼ばれるものです。一度身に着ければそうそう失うものではありません。なので，変わりにくいものと考えられています。

　また才能とは，無意識に繰り返している思考や感情，行動のパターンです。たとえば，自分が思ったことをすぐに行動に移す，子どもの頃から人をまとめて統率できる，面倒なことでも真面目に取り組める，出来事の背景を分析するのが得意，といった力は一つの才能です。誰にでも少なからず持って生まれた才能があります。ここに経験が積み重なって手続き記憶やスキ

ーマとして体系化されると「強み」になるのです。

この章ではすでに洗練された強みだけではなく，あなたの潜在的な「強み」，すなわち経験とともに強みに変わる「才能」も含めて発見しましょう。未だ強みではないにしても将来的に強みになる可能性があるのですから，あなたのキャリアプランに組み入れて損はないからです。

8-2 「強み」にはどのようなものがあるのか？

ここであなたの強みを探すために，強みにはどのようなものがあるのかご紹介しましょう。何が強みになるかは社会の仕組みが変わると違ってきますが，ここでは現代社会で強みと考えられるものを紹介します。表8-1はバッキンガムとクリフトン（Buckingham & Clifton, 2001）の考察と，才能と社会適応の理論（Cloninger, 1997）に基づく筆者らの考察などを整理したものです。現代社会の仕組みが大きく変わらない限り，これらは強みと考えられるでしょう。表8-1はワークシートにもなっているので，まずはやってみてください。

回答上の注意

表8-1の「全てが得意」という人間はいません。一人の人間が表8-1にあるような多くのことを全部やり遂げるのは不可能です。よって「強みが多い人間」を目指す必要はありません。また，強い組織は得意なことが異なる人間が集まることで成立します。自分の苦手がわからずに組織を混乱させる人間はどこに行っても迷惑がられます。自分を才能豊かに偽るより，できることを確実に把握することが重要です。

<u>「5」「4」は今すぐにでもあなたが活かせる強みです。「3」は今すぐには活かせないかもしれませんが，経験を重ねれば強みになるものです。</u>昔から「好きこそものの上手なれ」と言います。そうすることが好きで，そうなりたいと願っていれば失敗から学びつつ本当に強みにできる可能性があります。「強みにしたい」という意志があるなら諦めないでください。もし自分の強みは何かと悩んだら，キャリアコンサルタントなどの専門の方に相談することをオススメします。

8-3 強みが動詞になったエピソードを明らかにする

次にあなたの強みが実際に活かされたエピソード，すなわち強みがあなたの動詞となった体験をふりかえってみましょう。まず，あなたの強みの中で「5」—「3」がついたものの中から，「これを自分の強みとして仕事で活かしたい」と思えるものを5つ選んでください。あとで選び直しても構いません。今のあなたの気持ちとして活かしたい強みを選びましょう。そして，「小中高時代」「学業面」「サークル・ボランティア」「その他」について，その力が実際に活かされた経験を書き出しましょう。たとえば，行動力，表現力，競争力，手配力，責任力が選ば

表 8-1 強みの発見ツール

内容を読んで「超得意！！」と思えば「5」、「得意」なら「4」、「できるかもしれない・やってみたい」なら「3」、「苦手・好きじゃない」なら「2」、「絶対にできない！」と思えば「1」を「レベル」欄に書き込んでください。

種類	強み	内容	レベル
人間関係を作り維持する力	協調力	自分を抑えて人とのもめごとはできるだけ避ける	
	表現力	人に上手に伝えることが得意	
	共感力	人の気持ちを汲み取ることができる	
	一体化力	誰でもすぐに仲間だと信じられる	
	個性の受容力	人それぞれの違いを理解できる	
	非注意力	人の多少の欠点は許せる，または目をつぶれる	
	親密化力	周りの人と仲良くなれる	
	責任力	責任を持って役割をやり抜く	
行動する力	達成力	小さなことでも達成が喜びになる	
	行動力	悩み事に囚われずに行動できる	
	信条	人のためになりたいと思える	
	重要性	評価や尊敬されるためにがんばれる	
	規律性	規則や計画に沿って動ける	
	行動管理力	何がどこまで遂行できたか把握できる	
	適応力	どんな状況でも戸惑わず，目的を見失わない	
	目標焦点力	明確な目標を定め，効率よく物事を進める	
	改善力	何事も改善するプロセスを喜べる	
	確信力	正しい行いをしていると確信が持てる	
人に影響を与える力	指導力	リーダーシップを発揮して人を動かせる	
	競争力	競争に身を置ける	
	成長支援力	誰かの成長を支えられる	
	場の建設力	前向きな雰囲気を作れる	
	頂点志向	ある分野で一番または唯一の存在を目指す	
	創造力	新しい価値観を発見し，人に語ることができる	
	社交力	知らない人とも交流できる	
情報を集め本質や手立てを考える力	分析力	情報から法則を見出すことができる	
	整理力	複雑な事案をシンプルに整理できる	
	手配力	関係者や担当者に話をつけ物事をスムーズに進める	
	リスク回避力	慎重にリスクを察知して回避することができる	
	超越力	ご縁，運命，ご恩，など見えない大きなつながりを感じることができる	
	公平力	常に公平であることを大事にする	
	構想力	将来のビジョンを構想できる	
	発想力	新しいアイディアを思いつく力がある	
	吸収力	新しい知識や情報はどん欲に吸収する	
	考察力	じっくり考える力がある	
	学習力	何事でも学べる	
	文脈力	問題の原点に立ち返って考えられる	
	戦略力	問題に対する最適解を導き出す	

*より詳しく強みを知りたい方は，『さあ，才能（じぶん）に目覚めよう 新版 ストレングス・ファインダー 2.0』（日本経済新聞出版社，2017）を購入ください。また，Cloninger 理論に基づく測定は株式会社「学び」にお問い合わせください。

れた人なら，表 8-2 のように書けるでしょう。

表 8-2 では例として「小中高校時代」「学業面」「サークル・ボランティア」「その他（趣味・バイト・前職）」としていますが，この分け方は絶対的なものではありません。小中高を別々にしてもいいですし，強みごとに時代や場面を設定しても構いません。大切なことは，いつ，どのように活かされたのかを明確にすることです。この作業を通して，あなたに何ができるのかが明らかになることでしょう。

表 8-2 「強み」が活かされて動詞になったエピソード発見ツール

強み （動詞）	小中高校時代	学業面	サークル・ ボランティア	その他 （趣味・バイト・前職）
行動力	野球部時代は，ひたすら練習した	いろいろ考える前に，まずは課題に取り組んでいた	とにかく「今やること」に集中して先延ばししなかった	バイトでは言われたことは確実にこなしていた
表現力	文化祭を盛り上げるためにコントをやった	感想文や小論文で先生に褒められた		バイトの後輩に店長が怒るポイントをわかりやすく伝えた
競争力	野球部では特技が似ているメンバーをライバルと位置づけて，負けないように頑張っていた	試験勉強では同じ試験を受ける人を想像して，勉強量で負けないことを意識した		バイトでは「客を満足させたら勝ち」「店長に褒められたら勝ち」と思いながらがんばった
手配力			サークルの合宿で移動手段や宿泊先，現地での行動にかかわる諸事項を手配した	治安の悪い国への旅行で現地ガイドに問い合わせながら必要なサポート資源を手配した
責任力	部活では自分に期待されている役割を理解して，自分なりに全力で取り組んだ	宿題を出されたら，難しくても必ずやってきた	サークルでは，責任を持って仕事をしたので役を頼まれた	弟や妹の年齢が離れているので，親がいないときは責任感を持って面倒を見ていた

8-4 企業研究の極意

企業の人（採用担当者）と就転職活動者で考えがズレやすいポイントをご紹介しましょう。就転職活動者は自分が採用されるか心配になるあまり自分に注目しすぎてしまうことがあります。もちろん自己分析は大切ですが，企業に自分をアピールする手段に過ぎません。企業の人の多くは，「もっと企業研究をして欲しい」という不満を感じているのが本音です。

企業の人が最も不満に感じているのは，企業が「どうやってお金を稼いでいるか」，すなわち企業が存続している理由（ビジネスモデル）を理解していない人です。ビジネスはボランティアではありません。「利益」を生み出すことが目的です。「入社したい！」と応募しながら企業の利益の生み出し方がわからないことは避けたいです。なぜなら，入社する会社に"利益"を

生み出すことが、みなさんのミッションなのです。入社後はこのミッションに人生の7分の5もの時間を使うことになります。仮に自分がつまらないと思いながら仕事をすると、会社へ利益を生み出すことが難しくなります。

　たとえば「人の役に立ちたい」という想いを語る人がいたとします。これは素晴らしい気持ちです。しかし、"どうやって"役に立つのでしょうか。お金の流れ（金融）を整えて役に立ちたいのか。便利なWebサービスで役に立ちたいのか。どんな手段で役に立とうとしているのでしょう。その手段がビジネスモデルなのです。

　ビジネスモデルを理解することは「面接を突破する」ためにも必要です。結局、「この会社のビジネスモデルの中で自分に何ができるか」を説明できないと企業の人に興味を持ってもらえません。採用に二の足を踏むことになります。逆に「他の会社ではなくこの会社に入る合理的な理由」がしっかりと説明できるようになれば、あなたは採用したい人材になります。

8-5　強みが動詞に変わるビジネスモデルを探す

　次にあなたの強みが活かせるビジネスモデルを探しましょう。これは企業のホームページだけ読んでいてもわかりません。業界研究本、雑誌（日経ビジネスなど）、企業研究の本（たとえばSONY、トヨタ、富士通といった有名企業は、たくさんのビジネスモデルの解説書があります）、新聞などの多様なメディアを駆使して情報を調べ、理解を深めていきましょう。業界研究会などの研修の場に参加するのもいい方法です。

　ここでは参考として商社、金融、広告の代表的なビジネスモデルを紹介します。その中であなたが「こんなことをしてみたい！」とワクワクできるビジネスモデルを探して、そこであなたの強みがどのように活かされそうか考えてみましょう。なお、他の業界は上記の方法を参考に自分で調べましょう。

商社のビジネスモデル

　大きく分けてトレードと事業投資の二つがあります。トレードとは商材（商品）を「売りたい人から買いたい人」へと届けるビジネスモデルです。よい商材を売りたい人を開拓することから始まり、問屋などの流通チャンネル、デパートの小売店やネット通販、営業などの販売チャンネルに乗せて消費者に届ける物流が基本です。ほかにも商材の付加価値を高めるイメージ戦略の企画やその発信である情報・広告、ビジネスに関連した金融や保険も手がけるなど、トレードから派生する多くのビジネスモデルを持っています。

　事業投資はトレード拡大を狙う総合商社でよく行われています。魅力的な商材になりそうな素材の生産地に経営ノウハウを持つ人材を送り、現地スタッフと協働して素材を商材に育てます。現地に新たな雇用を創設する場合は関連したビジネスがさらに広がります。

金融のビジネスモデル

　金融とは経済活動の血液としてのお金の適切な循環を支える仕事です。血液が回らないと細胞が死んでしまうように，お金が回らないと経済が停滞します。よい循環を支えることがこのビジネスモデルの価値です。大きくは銀行，証券会社，生命保険，損害保険の4つの業態があります。

　銀行は今使わないお金がある個人や企業から貯金という形でお金を集めて，借り手である企業に融資します。融資のリスクは仲介機関である銀行が負います。これは間接金融と呼ばれています。リスクを負う代わりに融資先の返済能力を査定したり，その運営を助言・指導するなど，お金の流れを決定づける大きな権限を持っています。

　証券会社はお金の貸し手（個人・企業）に借り手（国・企業）が発行した国債・社債・株式などの有価証券を購入してもらい，直接的にお金を融資してもらう形の直接金融を仲介する仕事です。融資のリスクは借り手が担うので証券会社がリスクを負うことはありませんが，顧客に損失を与えるかもしれないという責任と損失回避の努力義務を担当者が負うことになります。その負担の分だけ成果に対するインセンティブ（報酬）が高く，年収は他業界の数倍という場合もあります。また，扱う金額が大きいというやりがいもある仕事です。業務は有価証券の売買を仲介するブローカー業務，有価証券の募集や売出しを取り扱って買い手を勧誘するセリング業務，自社資金で証券を売買して差益を追求するデューラー業務，企業が発行する有価証券を引き受けるアンダーライター業務の4つが主な形です。

　保険とはもともとは「偶然のリスクによって損害を被るか否か」に賭けるという一種のギャンブルとして始まりましたが，損害を被る側にとっては損害を補填するといった一種の保証としての意味を持ちます。生命保険は賭けの対象が人の生命や健康になっています。本人や家族にとっては，その後の生活の保証でもあります。また相互に助け合うという互助会的な意味を保つ場合もあるので信用が第一です。顧客を集める営業担当の場合は，その人生にも向き合って安心を売るという側面があります。また，相対的に大きなお金を預かることになるので，スケールメリットを活かした長期運用で資産を増やすという機関投資家としての側面もあります。

　損害保険は賭けの対象が"モノ"の損害で，個人向けには車の運転や住宅・家財の購入など，法人向けには事業活動におけるリスクなど，新しい挑戦をする際に安心を売る仕事です。多くは損失額に応じて保険金の支払額が変わるという「実損支払方式」を取り入れて掛け金も抑制しています。それだけに損害を査定して損害の程度や責任の所在も査定して支払額を抑制することも業務の一つです。営業に関しては顧客を集める代理店を通して行うことが多く，代理店を足繁く回る代理店営業と呼ばれるルート営業が主な業務になります。

広告のビジネスモデル

　広告を出したいという広告主に，テレビやラジオ，新聞，雑誌，インターネットなどのメディアが持っている広告枠を販売するという，広告主とメディア運営者の仲介によって双方から

手数料を得るのが本来のビジネスモデルです。営業を重ねて顧客との信頼関係を築き，長期にわたる取引を目指します。

　また，宣伝活動にはメディアに掲載するコンテンツが必要なので，広告主からその制作を請け負う制作費も収益の大きな柱になります。その際には広告主の扱う商品やサービスの付加価値開発（プロモーション）を立案する場合もあります。また，マーケティング手法を用いて商品やサービスの開発そのものをサポートする場合もあります。

8-6　ビジネスモデルと動詞のマッチングをローラー調査（評価）する

　次にビジネスモデルと動詞のマッチングを考えるワークに入りましょう。商社で2つ，金融で4つ，広告で2つのビジネスモデルを紹介しました。表8-2の例のように行動力，表現力，競争力，手配力，責任力が強みの人なら，それぞれのビジネスモデルで強みをどのように動詞として活かせるか具体的に考えてみましょう。その上で，その確信度を「A：このビジネスモデルでは必須の動詞だと思う」「B：この動詞がない人よりも活躍できる」「C：ビジネスモデルの中で活かせる場面がある」，3段階で評価してみましょう。何も思いつかない場合は空欄にしておいてください。

　最初は先入観だけでもいいので各業界のビジネスモデルをイメージして，自分の強みがどのように活かせそうか書き出してみてください。その後，A～Cでざっと評価をしてください。イメージがつきにくい場合は業界研究が不十分ということです。これはこれで不充分であることに気づけたということで一歩前進です。「8-5」に戻って業界研究を深めましょう。

　表8-3は表8-2を書いた方の例です。この方の場合は「競争力」が強みの一つとして挙がりましたが，競争力関連の枠は全て空欄になっています。ビジネスの中で競争力を発揮しているイメージがわかなかったようです。このような場合，競争力はビジネスで発揮できる強みではない可能性があります。無理に強みにしようと思うよりは，他の強みを活かすことを考えましょう。

　表8-3では「A」が多く空欄や「C」が少ないほど，あなたの強みが活かせる業界と考えられます。あくまでもイメージの中でということですが，この方の場合は「金融（銀行）」と「金融（証券）」「商社（トレード）」「広告（仲介・営業）」の順に強みが活かせるイメージがわいたようです。業界の向き不向きは，強みだけでなく企業文化・企業風土といった環境とのマッチングや，全力で興味を持てるテーマ（価値観・欲求）があるかどうかも考慮しなければなりません。ただ，強みを活かせない業界に入るよりは活かせる業界に入ったほうが，あなたも企業も幸せです。

表8-3 「"ビジネスモデル×動詞"マッチング」のローラー調査（評価）

ビジネスモデル \ 動詞	行動力	表現力	競争力	手配力	責任力
商社 トレード	売りたい人，買いたい人に積極的に営業に行ける。A	売ること，買うことのメリットを表現できる。A		売買に必要な諸手配ができる。B	顧客に対して責任ある行動が取れる。B
商社 事業投資	現地に迅速に面向く。B	現地の人たちを説得できる。B		現地で必要になるものを手配する。C	現地の人に対して責任ある行動が取れる。C
金融 銀行	どんなことでも迅速に動ける。A	自社サービスを顧客にアピールできる。A		顧客に必要な諸々の手配をぬかりなくできる。A	顧客に責任ある態度が取れる。A
金融 証券会社	優良投資案件を探し回る。A	見つけた案件を関係者にアピールできる。A		手続きを迅速に進めて案件を逃さない。A	顧客への責任感をモチベーションにできる。A
金融 生命保険	保険を必要としている人を訪ね歩ける。B	保険を必要としている人に自社サービスをアピールできる。B		契約の事務手続きはしっかり手配できる。C	顧客に責任ある態度が取れる。B
金融 損害保険	代理店営業は精力的にこなせる。A	代理店に自社の特徴をアピールできる。B		代理店営業で必要な手土産などを迅速に手配できる。C	代理店に責任ある態度を取れる。C
広告 仲介・営業	メディア，広告主に精力的に営業をかける。A	メディア，広告主に双方のメリットをアピールできる。A			責任のある営業活動ができる。B
広告 開発	制作や開発を推し進めるために関係者を訪ね歩く。A			必要な情報や関係者の了解などを手配できる。B	責任ある担当者になれる。C

8-7 仕事の向き不向きを考えるヒント

　表8-3では8つのビジネスモデルしか取り上げていませんが，IT業界，教育業界，コンサルティング業界，不動産業界，建設業界，など他のビジネスモデルも研究してみてください。少し時間をかけて自分が知らない業界に関して調べてみると，意外な点を見つけ，興味を抱くことがあります。

　たとえば，「一体化力」や「発想力」「吸収力」が強みで，広告業界志望だった方がいました。

表 8-4 主な職種の主な担当業務

職種	主な担当業務
営業職	自社が扱う商品やサービスを顧客に購入してもらう
調査・企画職	市場動向を把握して、新しい商品やサービスを考案する
事務職	組織が内外で円滑に機能するために必要な事務手続きを担う
クリエイティブ職	消費者や顧客に発信するコンテンツなどのデザイン・編集を行う
IT系エンジニア職	社内および顧客のコンピューターシステムを企画・立案・管理する
生産・品質管理職	信頼できる商品やサービスを送り出せるよう管理する
研究（開発・設計）職	新製品・サービスの開発に向けた，基礎研究を行う
建築・土木（設計）職	建物の設計・建築を担当する
金融関連職	資産運用や管理をサポートする
流通・サービス（販売）職	商品・サービスを消費者に届ける
専門職	資格や専門的な知識で個人や組織をサポートする

ですが，業界研究を進めるうちに商社の事業投資が興味深い仕事だと気づきました。各地に眠っている商品価値の高い特産品に付加価値をつけて全国に発信する仕事や流通網を作る仕事は人間関係を作る力と創造性が求められます。この仕事で強みが活かせそうなイメージがわいてきたのです。強みが活かせる可能性はどの業界にもあるので，丁寧に考えることをオススメします。

また業界が絞れてきたら，本命企業を 3 〜 10 社程度に絞り，「なぜ同業他社ではなく，その企業に入るのか」をしっかり説明できるように準備しましょう。そのためには，業界におけるその企業の特色，特に企業の採用担当者が見てほしい特色を把握して，自分の動詞との関係を考えましょう。ホームページ，雑誌，本などの媒体，すでに勤めている友人・知人（学生ならOB・OG）といった調査チャンネルを駆使して情報を集めましょう。

なお，業界だけでなく職種に関しても，同様にローラー調査を行いましょう。表 8-4 では主な職種と主な業務内容を紹介します。ビジネスモデルのローラー調査に倣って，あなたの強みがどの職種で活きそうか考えてみましょう。ローラー調査は時間がかかりますが，それだけの価値がありますので，オススメします。情報収集のコツ，環境やテーマのマッチングの評価方法は次の章で紹介します。

文　献

Buckingham, M., & Clifton, D. O. (2001). *Now, discover your strengths*. The Free Press.
Cloninger, C. (1997). 人格と精神病理の精神生物学的モデル―臨床使用のための基本的な知見― 心身医学, *37*(2), 91-102.

9 業界・企業研究の極意！ その2:
あなたが活きる「企業風土・企業文化」と「人生のテーマ」の調査

9-1 はじめに

　第9章では，第8章で発見したあなたの強みがより活かされる2つの条件について考えてみましょう。

　条件の一つは働く環境です。強みは活かせる環境が整うことであなたの「動詞」として機能します。この章ではまずはあなたの強みが活きる環境を探りましょう。環境とは勤め先の立地，職場の住環境など多岐にわたりますが，ここでは就職・転職活動で特に大切と言われている，企業風土と企業文化について考えましょう。

　企業風土・企業文化は企業の歴史の中で醸成されたものです。あなたが入社してからあなたの力で変えられるものではありません。また風土や文化が合わない企業に応募しても，採用担当者に選ばれる可能性はほぼありません。仮に選ばれたとしても，長く勤め続けられるかどうかわかりません。そこで，あなたが活きる風土や文化を探すことがあなたの人生が輝くために大切なのです。

　もう一つの条件は人生のテーマ，言い換えれば価値観などのあなたの欲求が向かっている何かです。テーマは人それぞれ多岐にわたり，また若い間は環境や立場の変化に応じて変わる可能性もあります。第3章の「キャリア・アンカー」や第6章の「ライフ－キャリア・レインボー」の結果もあなたが求めるテーマの一つを発見するツールです。ただ，企業に長く勤めることを考えるのであれば，将来にわたって変わりにくいテーマを見つけて業界や企業の研究をしたほうがいいでしょう。ここではキャリア・アンカーを参考に，あなたのテーマが生きる仕事の考え方を紹介します。

9-2 企業風土と企業文化の違い

　風土（Climate）と文化（Culture）は，企業（組織）の研究では似たようなものと考えられることが多いようです。ですが実は似て非なるものが風土と文化です。風土とは組織内に漂う雰囲気や共有されている態度のことをあらわします。人にたとえれば，明るいか暗いか，話し

やすいか話しにくいか，何を好むか嫌うか，といった「感情的な特徴やパターン」で「人柄」にたとえることも出来ます。

一方で文化とは，その企業（組織）のメンバーに共有された行動規範や価値観など一種の良し悪しの基準です。多くは組織としての経験の積み重ね（歴史）の中で「成功の法則」として醸成されたものです。組織を人にたとえれば信念や価値観に該当するもので，人格にたとえられることもあります。一部にはTOYOTAの「改善」，日立の「和・誠・開拓者精神」，住友グループの「信用・確実」「公利公益」のように積極的に発信しているものもあります。

9-3 企業風土の分類

風土は2つの観点から4タイプに分類されています。名倉・本田（2001）および福井ら（2004）の分類を筆者は図9-1のように整理しました。

観点の一つは「環境への挑戦（Challenge to Environment: CE）vs 組織と伝統の維持（Maintenance of Tradition: MT）」です。前者は組織の外（環境）に目を向けています。そして環境の変化に挑戦して企業の存在意義を高めるための"合理的な新しい答え"を探す姿勢が支持される雰囲気です。実力主義的で時代や顧客の変化に対応する勢いがあるとも言えます。後者は組織（仲間関係）の維持を大切にして，"受け継がれてきた答え"や"組織内の関係性・慣習"を守る伝統主義的な雰囲気です。周りの環境における流行り廃りはいい意味でも悪い意味でも無視して，組織内の上下関係や仲間関係，伝統に注目しています。組織や仲間に誇りや愛着を持つことが求められる風土です。

もう一つの観点は「長期目標と自由（Long term goal & Freedom: LF）vs 短期目標と管理

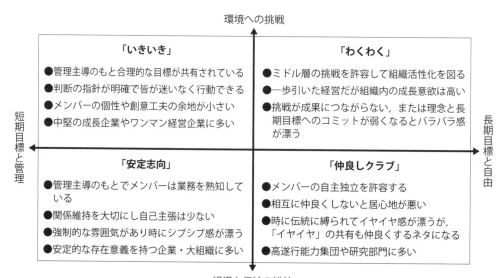

図9-1　企業風土の4分類

(Short term goal & Supervise: SS)」という軸です。前者は長期的な視点から時には挑戦や失敗も支持されて，上司部下関係なく意見交換が許される雰囲気です。後者はいつまでに何を成すべきか管理職が明確な指示を出し，メンバーが目標に貢献しているか指導者（経営者や上司など）が丁寧に監督する風土です。

　2つの観点をかけ合わせると，「いきいき（環境への挑戦×短期目標と管理）」「わくわく（環境への挑戦×長期目標と自由）」「安定志向（組織と伝統の維持×短期目標と管理）」「仲良し志向（組織と伝統の維持×長期目標と自由）」の4タイプの企業風土が見えてきます。要約すると，目標に向かっていきいきしている風土，挑戦にわくわくしている風土，安定感とシブシブ感が同居する風土，仲良し感とイヤイヤ感が漂う風土に分類できると言えます。

9-4　強みが動詞に変わる「風土」を見つける

　ここで，8-3で紹介した"表8-2「強み」が活かされて動詞になったエピソード発見ツール"と連動させて，強みが動詞に変わる風土を見つけましょう。表8-2を作成した人は，各エピソードの背景には表9-1（「強み」が動詞に変わる環境の発見ツール）の理由があったと書き出しました。なお（　）内は各エピソードの理由や背景の中に風土のどの要素があるかチェックしたものです。

表9-1　「強み」が動詞に変わる風土の発見ツール

強み（動詞）＼時代・場面	小中高校時代	学業面	サークル・ボランティア	その他（趣味・バイト・前職）
行動力 それができた 理由・背景	野球部の雰囲気がコツコツがんばる感じだった。(MT)(SS)	やれば褒めてくれる先生がいた。(SS)	仲間に迷惑をかけたくなかった。(MT)	バイト先の店長や先輩が丁寧に教えてくれた。(SS)
表現力 それができた 理由・背景	参考にできるネタもあり(SS)，仲間が喜んでくれた。(MT)	コツを教えてくれる先生がいた。(SS) 受験が目標になった。(CE)		仲間が喜んでくれた。(MT)
競争力 それができた 理由・背景	同じ目標を競える仲間がいた。(SS)			客商売で何をすればいいかがはっきりしていた。(SS)
手配力 それができた 理由・背景			仲間に迷惑をかけたくなかった。(MT)	学生時代しかできない体験はしたいが(CE)，危険な思いをしたくなかった。
責任力 それができた 理由・背景	野球部では役割が明確だった。(MT)(SS)	難しい問題は解き方を教えてくれる先生がいた。(CE)(SS)		弟や妹に何をしてあげたらいいのか，よくわかっていた。(MT)(SS)

（　）内のチェックについて，仲間や指導者など所属組織の雰囲気に注目して行動していれば「MT：組織と伝統の維持」，社会問題，ビジネス，受験，未知なる世界など所属組織と直接かかわらない何かに注目して行動していれば「CE：環境への挑戦」と考えます。また与えられた目標や指示された行動に集中していれば「SS：短期目標と管理」，達成可能性が不確実な長期目標や自発的なアクションプランに集中していれば「LF：長期目標と自由」と考えます。

この方の場合，最も多いものが「SS」の 10 個でした。「LF」は 0 個ですので，自発的に長期的な目標を設定するのは得意ではないようです。ここから，導いてくれる指導者がいて何をすればいいのか明確な環境で力を発揮することがわかります。次に多いのは「MT」の 7 個でした。「CE」が 3 個と相対的に少ないので，仲間内や組織の中で自分が祝福されることが行動の原動力になる傾向が強いようです。そこで，安定志向の企業風土で強みが動詞に変わりやすいと考えられます。

あなたの場合はいかがでしょうか。「強み」が動詞に変わる風土の発見ツールで，あなたが最も活躍できる風土を探してみましょう。

9-5　企業風土と業界の特徴

企業風土は企業の来歴や個性の強い経営者の影響で作られるものですが，業界ごとにある程度の傾向があるとも言われています。図 9-2 は識者の考察（e.g., 海老原，2015）と筆者の印象に基づくものなので参考までのものですが，概ねこのように言えると考えられます。業界研究を深めるきっかけとしてご覧ください。

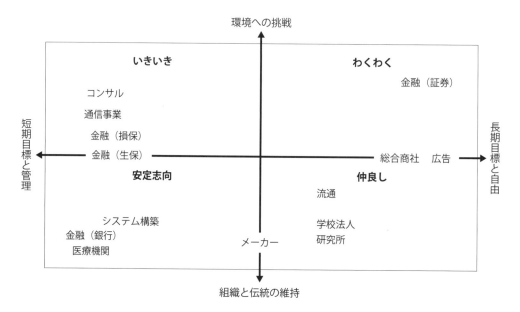

図 9-2　風土のタイプと業界

9-6 業界と企業文化

　次に企業文化について考えましょう。企業文化とは企業が長年培ってきた価値観や行動規範で，組織内の良し悪しの基準です。規定のように文章化はされていませんが，その企業の中で行動や考え方がどのように評価されるかに関わるものです。企業文化と従業員の理想的な関係は従業員がその文化に憧れを持てること，次にいい状態はその文化に違和感がないことです。あなたの感性が企業文化に違和感を訴えると，その企業は居心地が悪く感じられて出勤が辛くなることが多いようです。逆に文化と感性が合う場合は出勤が楽しく，実力を存分に発揮できることが多いようです。

　企業文化は風土以上に様々ですが，海老原（2015）などを参考にすると概ね次の3つの次元で考えればその特徴をとらえることができるようです。その3次元と参考までに当てはまりやすい業界を紹介します。各次元のどちらがあなたの感性に合いそうか，考えてみてください。

「顧客との情熱的な関係 vs 合理的な目標達成・収益性」

　意思決定の判断基準をどちらにおくかという次元です。顧客や関係者との長期的な信用で成り立つ広告や総合商社は情熱的で厚い関係の維持・促進が判断の基準になりやすいようです。短期的な目標達成が重要な金融では関係性をクールにとらえて理詰めで合理的な判断に偏るようです。成功戦略を求められるコンサル業もやや相対的に合理的な関係性になるようです。

「勝ち抜く（競争）vs 他社と共存共益（住み分け・協働）」

　競争に勝つことを求めるか，共存共益を求めるかという次元です。結果最優先のコンサル業は勝ち抜く方略を求められます。金融の中でも，成果を競う側面が強い証券は競争に勝つことを求められやすいようです。同じ金融でも安定した関係性や業務の確実性を求める銀行は他社との共存共益を求める傾向があるようです。この他，メーカーや広告も共存共益志向のことが多いようです。

「行動量が評価される vs 緻密な思考が評価される」

　仕事をする上では行動も思考も大切ではありますが，広告や総合商社の事業投資のように結果を見通しにくいビジネスモデルもあります。このような場合は緻密に考えすぎると逆に身動きが取れなくなってしまうので，行動して何かを始めることが評価されやすい文化になるようです。一方でメーカーやコンサルは相対的に緻密に考えることが成果につながりやすいビジネスモデルです。よく考えることが評価される文化になりやすいようです。また同じ金融でもローリスクローリターン案件が多い銀行は行動が，ハイリスクハイリターン案件が多い証券は緻密な思考が評価されやすいようです。

　なお，3次元と業界の関係は概ね図9-3のようにもあらわせるでしょう。ただどの業界にもトレンドの変化があり，企業ごとに文化はかなり異なります。この章をきっかけに業界研究，企業研究に取り組んで自分の感性とのマッチングを考えてみてくださいね。

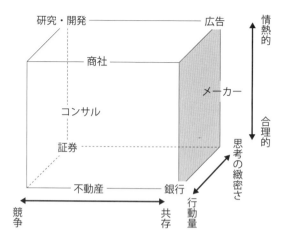

図 9-3　企業文化と業界

9-7　テーマと企業のマッチング

　第 8 章で「強み」が活きるビジネスモデル，この章では「環境（企業風土・企業文化）とのマッチング」を考えてきました。表 9-1 で例にしている方はビジネスモデルとしては「金融（銀行）」「金融（証券）」「商社（トレード）」「広告（仲介・営業）」で強みが活きそうで，環境としては安定志向の風土が合いそうだという結果になりました。ここから，強みが活きて風土も合う業界としては「金融（銀行）」が浮かび上がってきます。

　ですが，本当に銀行への入職を目指すべきなのか，もう一つ考えておきたいことがあります。それは「その仕事が人生のテーマに合うものなのか？」という視点です。ここからは人生のテーマと仕事の関係を考えてみましょう。

　人生のテーマは多岐にわたるものですが，ここではキャリア・アンカーを手がかりに考え方を紹介します。この方に第 3 章のツールをやってもらったところ，「保障安定」「社会貢献」「管理職」「暮らし」の順で大切なテーマであることが浮上してきました。そこで，銀行に勤めた自分をイメージしてもらって，そのビジネスモデルとありがちな企業文化の中でテーマを実現できそうか表 9-2 に考えてもらいました。なお，比較のために証券会社，商社（トレード）も同じく考えてもらっています。また，イメージがわきにくいところは空欄にしてもらっています。その上で，「A：テーマが実現できる」「B：テーマと近いものがある」「C：テーマと合わない」，の 3 段階で評価してもらいました。

表 9-2 「テーマ」につながる仕事の発見ツール

業界・企業風土＼テーマ	保障安定	社会貢献	管理職	暮らし
銀行のビジネスモデル	事業所としての安定性は相対的に高い。安心。A	社会貢献事業への融資を通して実現可能。A	融資ができるために目指したい。B	忙しいと思うがホワイトなイメージ。A
銀行の企業風土	安定志向は合いそうな気がする。A	社会貢献的な事業主といい関係を作れれば。B	仲間を大事にし合うチームを作りたい。A	ホワイト企業のイメージがあるので安心。A
証券会社のビジネスモデル	景気に特に左右されやすいイメージがある。B	お金の流れを生み出すので貢献になる。B		とても激務というイメージ。C
証券会社の企業風土	常に挑戦し続ける自信がない。C		勢いのある人たちを束ねるのは自信がない。C	激務でも給料はいいのかもしれない。B
商社（トレード）のビジネスモデル	業績の変化が激しいかもしれない。B	人にいいものを届けるのは一種の貢献。B		忙しさに波があるイメージ。B
商社（トレード）の企業風土	がんばれば長く勤められるかもしれない。B		勢いのある人たちを束ねるのは自信がない。C	

　この方は証券会社や商社（トレード）のビジネスモデルや風土では「C」が多い結果になりました。強みが活きる可能性がありますが，人生のテーマ的にはちょっと無理をしないといけないようです。一方で銀行は「A」が多く，「C」がありません。この方の人生のテーマは，銀行のビジネスモデルや風土の中である程度は実現できる可能性がありそうです。人生のテーマは完全達成が難しいことが多いのですが，達成の可能性が低い仕事より可能性が高い仕事を選ぶほうが無理なく勤められることでしょう。

9-8　ワンポイントアドバイス

　表9-1に倣って強みが動詞に変わった背景や理由を考える時になかなか思いつかなかった人は，9-3をよく読んで自分が活きそうな風土を考えるという方法もあります。2つの観点それぞれについて，どちらが自分に合いそうか，憧れるか，合わせられそうか，考えてみましょう。その上で今一度，これまでの経験の中で強みが動詞に変わったときを思い起こしてください。

　自分が進むべき業界や企業について考えるには，風土や文化以外にも給与水準，将来性，立地条件，学閥など，たくさんの情報を集める必要があります。この章は業界研究，企業研究の入り口に入ってもらうためのものです。この章を通じて「仕事」というものに興味を持ってもらえたらうれしいです。

最後に人生のテーマについて，もう少しご一緒に考えましょう。この章ではキャリア・アンカーを参考に考えてみましたが，人生のテーマとは「あなたが生きる意味」です。誰にでも，あなた独自の人生のテーマがあるはずです。たとえば，「家族を持つこと（家族生活を守ること）」「仲間を増やすこと」「財を成すこと」「人の役に立つこと」「有名になること（自分の存在を世の中に知ってもらうこと）」「人を従えること（偉くなること）」「アートを追求すること」など，人によって様々です。人生のテーマに優劣はありません。自分が生涯をかけて求めたいものは何なのか，そこに正直になって自分のテーマを見つけてください。

　ちなみに筆者である杉山は「人の幸せを増やす心理学者」という業界に 22 歳で「就職」しました。この業界に身をおくことで「（同じ志の）仲間が増える」「（財は成せないけど）最低限の暮らしができる仕事はある」「（ギリギリだけど）家族を養える」という人生のテーマにもつながります。この業界で身を粉にすることが幸せだったようで，四半世紀（25 年）以上も続けることができました。なお，当時の友人・知人で「有名になる」「人を従える」「財を成す」「アートを追求する」に興味を持つ方々は，それを実現できるキャリアに進みました。それぞれに，そのテーマが誰かの役に立つ業界や「仕事」を見つけて活躍しています。「強みが活きる」「環境（風土・文化）が合う」ももちろん重要ですが，「テーマに合う」ことも仕事を考える上では大事なことなのです。

　テーマは独自性が高いので理論やツールで簡単に見つけられるものではありませんが，テーマと仕事が一致したときが「あなたが最も輝く瞬間」です。あなたのテーマにつながる仕事に就けるように祈っています。

文　献

海老原嗣生（2015）．なぜ 7 割のエントリーシートは，読まずに捨てられるのか？　東洋経済新報社
福井里江・原谷隆史・外島　裕［他 7 名］（2004）．職場の組織風土の測定―組織風土尺度 12 項目版（OCS-12）の信頼性と妥当性―　産業衛生学雑誌, 46(6), 213-222．
名倉広明・本田宏文（2001）．信頼と創造を軸とした企業風土変革　知的資産創造, 9(9), 56-67．

【コラム 6】有能なエキスパートになる秘密の心理科学②：1 万時間の経験値の威力

　ここでは複雑な仕事がスムーズにできるようになる最もシンプルだけど最も効果的な秘訣をご紹介します。それは **1 万時間の程度の経験値** を積むことです。1 万時間とは 1 日 8 時間ほぼ毎日取り組むとして 4 年から 5 年です。これだけ真剣に取り組めば，少々難しいことでも得意なことにできそうですね。

　よほど先天的な資質が欠けていない限り，一般的には 1 万時間も真剣に取り組めばどんな仕事でもプロレベルにはたどり着けます。仮にスポーツや芸術のように表舞台で活躍するには特別な才能が必要なものだとしても，コーチなどアマチュアに指導するレベルのプロにはなれることでしょう。もちろん，単に時間をかければ良いわけではなく，「**ルール帰納**（何をすればどうなるのかといったルールを見つけ出す）」「**教訓帰納**（何をすべきでないのか失敗に学ぶ）」を心がけて，仕事に関するスキーマ（図式）を頭と体に染み付かせる必要があります。ですが，自分の人生を本気で投資したい仕事があるなら，まずは年単位で本気で取り組んでみましょう。

【文献】杉山崇・前田泰宏・坂本真士（編）（2007）．これからの心理臨床　ナカニシヤ出版

10 企業への自己アピールの極意：エントリーシート・面接・グループディスカッションのプロの技術

10-1 就職活動・転職活動のプロではなく，自分を活かすプロになろう

　筆者らは就職活動，転職活動を支える仕事を長年やっています。たくさんの人の活動をサポートしてきました。その道のプロと呼ばれる技術も資格も持っています。

　ただ，活動の主役は私たちではありません。この本を読んでいるあなたです。私たちのプロの技術は，あなたを活かすためのものです。私たちの望みはたった一つ，あなたに自分を活かすプロになってもらうことです。本書の全ての章はこの目的で書かれていますが，この章では就職活動，転職活動であなたを活かすプロの技術をご紹介しましょう。この技術を活かして，就職活動，転職活動に成功してください。

　ここで一つだけ覚えておいてほしいことがあります。それは「あなた自身は就職活動・転職活動のプロになってはいけない」ということです。就職活動，転職活動の本当の目的は，あなたが勤めたいと思う企業の中でプロフェッショナルな仕事ができる可能性を採用担当者に実感してもらうことです。これからご紹介する技術はそのためのもの，逆に言えば「それだけ」のものです。あなたが志望する企業の中でプロフェッショナルな活動ができる下地がないと，どんなにこの技術に優れていても無意味です。これからご紹介する技術はそのつもりで見てもらえれば幸いです。

10-2 エントリーシートの極意

　エントリーシート（ES）とは，自己分析と企業研究をどれだけ真剣に取り組んできたのかを表すものです。特に志望動機に関しては，それぞれの会社のビジネスモデルや企業理念に対応したものを書くようにしましょう。自分という人間の目標と企業の目標の一致点を強調するのがポイントの一つです。

　自己分析と企業研究がしっかりしていれば，あとは文章の問題です。社会で通用するわかりやすく伝わる文章は「書き方が明確」な文章です。ポイントを知って練習を重ねれば書けるよ

うになります。いくつかのポイントをご紹介します。

ポイント1：メッセージが明確

わかりやすい文章の第一のポイントは，読み手である企業の採用担当者が知りたいことと，自分が伝えたいメッセージが明確であるということです。たとえば「学生時代にがんばったことは何ですか？（400字）」というESの質問には，多くはがんばった事実を書きます。実は読み手が知りたいことはこれではありません。学生時代にがんばった経験の中で，自分の「動詞（第8章参照）」が活かされた経験が知りたいのです。あなたが伝えるべきメッセージはまずはこれです。第8章，第9章の結果を踏まえて，その企業に伝えるべきメッセージを決めましょう。このとき，伝えたいことが複数出てきても一つに絞ってください。ESでは，「1ボックス1メッセージ」が原則です。ESは，200字，400字，800字といった字数制限のあるものがほとんどですが，800字程度までであれば，伝えるメッセージは一つに絞ります。

ポイント2：文章が構造的であるか

伝えたいメッセージがはっきりとしたら，次は文章の構造（要旨）をあらかじめ一行程度で簡潔にまとめます。たとえば…

- 私が粘り強く取り組んだことA　周囲の反対という困難に対しての粘り強さ
- 私が粘り強く取り組んだことB　高い目標を何が何でも達成するという粘り強さ
- 私は，このように困難があっても，粘り強く取り組み結果を出せる人間です。

などです。仮に…

- 私は，粘り強く頑張れる人間です。

だとちょっと簡潔すぎます。「どのように粘れるのか」がないと企業の採用担当者はあなたがその企業で活躍するイメージを作れません。

ポイント3：内容が具体的であるか

次に文章作成にとりかかります。文章では，できるだけ「具体的」な記述をするように心がけてください。たとえば，「私は粘り強さがあります」と書いても，具体的に状況が書かれていないと，読み手はあなたの粘り強さを理解できません。また，「粘り強さ」を発揮したエピソードや経験談を取り入れていけば，「私は粘り強さがあります」とあえて書かなくても読み手には伝わる場合もあります。漠然としたアピールポイントよりも，具体的に書くことが重要です。

10-3　これで万全！　ES準備

実は第8章の表8-2，第9章の表9-1はESに書くことになるエピソードの準備になっています。もし，それぞれに倣って全て書き出していれば40のエピソードがすでに用意されていることになります。これを整理するだけで，ESに書ける素材は揃ったも同然です。

もちろん，全て書き出していなくても OK です。あなたが志望する企業にあなたがアピールしたいメッセージがそこに含まれていればいいのですから。仮にいいエピソードがなかったら第8章，第9章のワークにもう一度取り組んで，エピソードを今一度発見しましょう。

ESに書く時は企業の求める人物像を意識して書きましょう。たとえば，ある企業の求める人物像が「行動力がある学生」であれば，第8章表8-2，第9章表9-1の「行動力」に該当するところが一番適しているでしょう。こうすれば企業に合わせるだけでなく，あなた自身も安心して働くことができる可能性が高くなります。あなたに合う企業選びのポイントは「自分の動詞が活かせるか」「自分が求める環境（風土）が存在するか」です。ここを意識して書くとよいでしょう。

10-4　面接とメラビアンの法則

みなさんは，面接において，「何を話すか」をとても大切に考えているかもしれません。しかし，下記のメラビアンの法則によると，みなさんが面接で話す内容そのものは，相手に与える影響はわずか7％程度でしかないのです（図10-1）。

ここから判断すると，「何を話すか」ではなく，「どう話すか」にあたる「身振り手振り」「声のトーンやスピード」こそが，面接突破のカギになります。ですから，指導者や友人と模擬面接の練習をするときは，話す内容よりも，「どんな印象か？」「自信を持っているように見えたか？」などについてフィードバックをたくさん受けるように心がけてください。

これらの準備が整っている人は，確実に面接の通過率が上がります。面接に自信が持てれば，面接は次々と突破できるようになります。ここまでくれば，面接で落ちたとしても，「相性の問題」として割り切れるようになり，就活全体もスムーズに楽しく進めていけるようになります。しかし，準備不足の人が面接に落ちた時，努力不足なのか，相性の問題なのかを分析できません。そうすると対策も打ちにくくなってしまうのです。

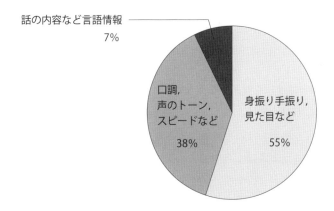

図10-1　メラビアンの法則（相手に与える影響の割合）

10-5　面接通過率を上げる5つの秘訣

面接通過率を高くするには，面接官に，次のように思わせることができることが理想です。
- 「この人は，余裕がある。自信が感じられる。期待できそうだ。」
- 「この人は，本当にうちの会社に入りたいという情熱が感じられる」
- 「一番欲しい能力の，コミュニケーション力はクリアしている」

このような感想を面接官に持ってもらうためにも，具体的には，次の5つのポイントを整理します！

ポイント1. 姿勢をよく！　自然な笑顔で！　体をゆらさない！

まず基本は姿勢です。姿勢よくどっしりと構えて，自然な笑顔があるだけで，面接通過率が3割は違ってきます。猫背やこわばった表情では損をします。話をするときに体がゆれてしまう癖がある人も注意が必要です。これらは，友達との模擬面接でチェックして改善しましょう。また，自分で動画を撮ってチェックするのもお勧めです。

ポイント2. 相手にしっかり視線を向ける！

同じことを話していても，面接官の目やひたいを見てゆっくり話すのと，足元を見ながらぼそぼそと話すのでは迫力が全く違います。伏し目になると人は自信がなさそうな印象を与えてしまいます。友達にチェックをしてもらい練習をこなしましょう。

ポイント3. 質問に即答しない！　質問をかみ締める！

相手の質問は，相手が言い終わるのを待ってから話を始めましょう。焦って回答を急ぐと，マイナスなイメージを抱かせてしまいます。

相手の質問が終わっても，質問の意図や意味をしっかりと自分の中で確認してから話し始めることが大切です。もし質問の意図がわからなければ，「○○ということをお答えすればよろしいでしょうか？」と確認を取りましょう。質問の意図と違う話をするよりも，確認を取ることのほうが確実に好印象を残します。

ポイント4. 話すスピードはゆっくり過ぎるくらいに！　声はハキハキ大きく！

ほとんどの就活生の話し方は，早口すぎる人が4割程，ちょっと早い，ちょうどよいくらいのスピードの人が6割程で，ゆっくり話す人はほとんどいません。ですから，基本は「ゆっくり話す」ことを意識してちょうどよいぐらいです。

原則は，声は大きく，ゆっくりと，です。話すスピードを落とすだけでも，自信や余裕を感じさせることができます。

ポイント5. とにかく今の自分の最高を伝える！

最後のポイントは「今の自分を伝えきる」ということです。面接本番では，みなさんが持っている力以上のことを伝えることなどできません。上手くいかない面接ではあなたの力の40％，普通の面接では60％しか伝えられないものです。ですから，普段以上によくしようという努力は不要です。それよりも100％の実力のうち，80％～90％を出せるように努力してください。そして，面接では自分を誇張せずに，今の自分に自信を持って素直に自分をぶつけてください。そうすれば，面接は通過できるでしょう。

10-6　面接に対する「よくある疑問」5選

ここでは，面接に臨む人からよく聞かれる疑問にお答えします。

Q1. 圧迫面接にはどう対応すればいいですか？

実際には，圧迫面接はありません。たとえば，「やりたい仕事は他でもできるのでは？」「なぜそれがあなたのアピールになるの？」というような質問に答えられないと採用担当者は嫌な顔をすることがあります。聞きたい答えが返ってこなかったので，がっかりした顔になるのは当然です。多くの方はこれを「圧迫面接」だと感じてしまいます。答えられないのは，単に準備不足だからです。このようなケースにぶち当たったら，すぐに質問内容をふりかえり，冷静に分析してください。次はしっかり答えられるようにしておけばいいのです。

Q2.「他はどこを受けていますか？」と聞かれたらどうしたらいいのでしょう？

基本的には素直に答えて問題ありません。ただタイミングがあれば，「御社が第一志望です」ということはぜひ伝えておきましょう。企業側は，他社を受けていることを問題とするのではなく，内定を出す前に自社への志望度を知っておきたいのです。あまり一貫性のない企業を受けているとこの質問をされることがあります。

Q3. 準備していなかった質問にどう答えたらいいのでしょうか？

面接は，想定外の質問ばかりがくると思っておいてください。質問に慌てず，しっかりと対応できるかどうかを面接官は見ています。質問の内容がわからなければ，確認をして自分の考えを述べましょう。もし，回答に時間を要するのであれば，「少し自分の考えを整理させてください」と断りを入れてから回答してください。このような丁寧な対応は，しっかりとした対応ができる人として評価されるはずです。

Q4.「何か質問はありますか？」と聞かれていつも困ってしまいます。

この質問は，自由に質問して大丈夫です。ただ，ネットで調べればわかることや，自分が与

えてもらうものなどに対する質問はマイナス評価につながりやすいです。前者は，志望度の低さや調査能力のなさを浮き彫りにします。後者は，主体性のなさが露出しかねません。質問によっては，却ってマイナスになることもありますから注意してください。

また，質問タイムを自分のアピールに使うこともできます。相手の印象アップにつなげる技も研究してみてください。

Q5. 志望動機はどれくらい具体的にするべきですか？

8章，9章でも説明した通り，【自分の強みを活かして業務を遂行するイメージ】や【同業他社と比較して，なぜ御社を希望するのかの理由】などまで語れれば十分です。

10-7　グループディスカッションの極意

グループディスカッション（GD）で観察されるのは，論理性と協調性の二つです。二つのうち，論理性を伸ばすことが特に大切です。論理性が高ければ協調性も発揮しやすいのですが，協調性だけ高くても論理性が高くはなりません。

論理性と協調性と企業が求める人材には図10-2のような関係が成り立ちます。

また，論理性が高いとは次のような状態を言います。

1. お題が出たら素早く質の高い仮説を構築できる
2. 適切な議論のフレームを提示することができる
3. 自らの意見を説得力を持って主張できる
4. 他者の意見に説得力を持って反論できる
5. 他者の意見が優れていれば柔軟に受け入れることができる

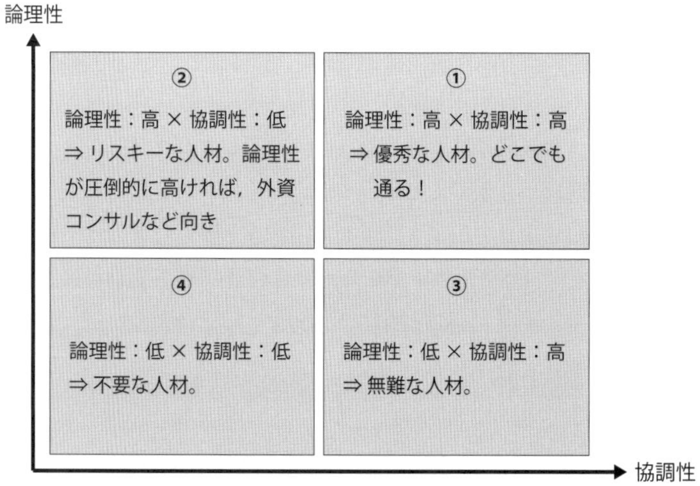

	② 論理性：高 × 協調性：低 ⇒ リスキーな人材。論理性が圧倒的に高ければ，外資コンサルなど向き	① 論理性：高 × 協調性：高 ⇒ 優秀な人材。どこでも通る！
	④ 論理性：低 × 協調性：低 ⇒ 不要な人材。	③ 論理性：低 × 協調性：高 ⇒ 無難な人材。

図10-2　論理性と協調性と企業が求める人材

GDを突破するには、「1. お題が出たら素早く質の高い仮説を構築」ができることがまず必要です。議論の主導権を持つことができれば、「4. 他者の意見に説得力を持って反論できる」や「5. 他者の意見が優れていれば柔軟に受け入れることができる」も高いレベルで実行することができるようになります。

4や5は論理性と協調性が重なる部分ですが、協調性が高いだけでは4は実行できません。また、5だけ実行しても3や4が存在していなければ、「自分で何も考えない人、ただの追従者」になってしまいます。

だから、GDでは、1ができることがとても重要なのです。論理性が高ければGDはほとんど通るようになります。

GDのトレーニングは学生同士でもできるのですが、少し難しいところもあります。しかし、全くやらないよりは学生同士だけでもやった方が100倍良いでしょう。学生の方だけでやる場合は、一人はオブザーバーになって、外から観察する役に徹すると効果が高いです。上記の1～5の視点で、オブザーバーは参加者を観察してみてください。

10-8 ケース練習をやる

前項で述べたとおり、GD突破のためには、個人の論理性を高めなければなりません。私の講義では、一人でも訓練できるように「ケースドリル」を取り入れています。ケースドリルでは、自分でお題を決めて（例：「電信柱が日本に何本？」「○○社の海外戦略を立案せよ」など何でもOK）、それを5分～10分程度で解いていきます。この短時間で解いたものを、今度は時間をかけてじっくりと見直します。このとき、本やネットで調べながら行います。2時間かければ、5分で作成した提案内容よりも、ずっといいものができるはずです。この5分と2時間の質の差を縮められるように、ドリルを繰り返します。

ちなみに論理性は、先天的なものではなく、単なるスキルでしかありません。トレーニング次第で力をつけることができます。就職活動において求められる論理性というのは訓練可能な範囲のものですから、しっかりと準備さえすれば大丈夫です。

10-9 ファシリテーション力を鍛える

ファシリテーションとは、会議の進行役といったイメージがあるかもしれませんが、議論を活性化させるような機能・役割を担っています。GDにおけるファシリテーションは、論理性がベースになっています。論理性をベースにして協調性を発揮するのが、就活のGDにおけるファシリテーションなのです。

GDにおける「論理性の高さ」の5要素（前ページ参照）のうち「2.適切な議論のフレームを提示することができる」が、ファシリテーション能力のベースになり、面接官に対して協調

性の高さをアピールするポイントになります。

具体的には，下記のようなことができる人が「協調性が高い」ということになります。

1. 議論のフレームに沿って質問を投げかけることができる
2. 人の意見をフレームにまとめることができる
3. 人の意見に同意を示すことができる
4. 人の意見を補足することができる
5. 他者が発言しやすいような受容的な態度をとることができる

ファシリテーション力を高めるのならば，まず模擬 GD を実践することです。その上で，一人採用担当役をおき，上記のような観点からお互いに評価しあうことが重要です。2 や 5 は，友人と練習をしていても気づきやすい，確認しやすいポイントです。

10-10　ワンポイントアドバイス

本書を読むだけでも充実した就職活動，転職活動に近づけるかもしれませんが，やはり実践して，練習して，質の高いフィードバックを受けてこそ，着実な成長が得られます。とにかく練習してください。学生さんなら友人同士での模擬面接でも成長できます。練習相手がいない場合でもせめてイメージトレーニングは行ってください。

就職活動，転職活動は人生の大切な節目です。ここで成功して，より豊かで，幸せな，自分らしいキャリアを築いていきましょう。本書があなたの素晴らしいキャリアの一助になれば筆者として望外の喜びです。

文　献

Mehrabian, A. (1981). *Silent messages: Implicit communication of emotions and attitudes* (2nd ed.). Belmont, CA: Wadsworth.（西田　司・津田幸男・岡村輝人・山口常夫（訳）(1986). 非言語コミュニケーション　聖文社）

索　引

あ
愛（Love）　73
アクションプラン　40
意思決定　75
海老原嗣生　102, 103
エントリーシート　107
オープンマインド　86

か
外的キャリア　7
隠している領域　15
学習（Learning）　73
企業風土　11
　──の4分類　100
企業文化　11
気づいていない領域　14
キャリアアップ　6
キャリア・アンカー　12
キャリア開発の6 stepsモデル　75
キャリア採用　6
キャリアストーリーインタビュー　64
キャリア適合性　64
キャリア発達　65
協調性　6
キルト　73
銀行　94
金融　93
クランボルツ（J. D. Krumboltz）　77
クリフトン（Clifton, D. O.）　90
グループディスカッション　112
グローバルマーケット　5
クロニンジャー（Coloninger, C.）　90
計画された偶発性　77
継続的対処　54
啓発的体験　12
現実受容　54
好奇心　85
広告　93
孔子　5
行動特性　81

さ
サヴィカス（M. L. Savickas）　64
シャイン（E. H. Schein）　7, 29, 31

事業投資　93
自己開示　16
仕事理解　12
自己理解　12
持続性　86
実行（行動）　75
実損支払方式　94
柔軟性　86
重要な他者　54
主体性　6
証券会社　94
商社　93
職業キャリア　1
職業的パーソナリティ　64
職場適応　75
ジョセフ・ラフト（Joseph Luft）　13
ジョハリの窓　13
スーパー（D. E. Super）　65
スキーマ　89
杉山崇　10, 106
ストレス　53-54
ストレッサー　54
スローキャリア　5
生命保険　94
損害保険　94

た
高橋美保　54, 55
達成期待度　10
多面的生活　54
長期的展望　54
強み　11
テクノロジーイノベーション　5
手続き記憶　89
動機づけの期待価値理論　10
統合的人生設計　3, 73
トラウマ　53
ドラッカー（P. F. Drucker）　5, 12
トレード　93

な
内的キャリア　7
名倉広明　100

は
パーソナリティ・タイプ　41
バッキンガム（Buckingham, M.）　90
ハリー・インガム（Harry Ingham）　13
ハンセン（L. S. Hansen）　3, 27, 73
開かれた領域　14
ファシリテーション　113
フィードバック　16
付加価値開発　95
福井里江　100
冒険心　87
ホランド（J. L. Holland）　41
本田宏文　100

ま
マーケティング　95
未知の領域　15
メラビアンの法則　109
問題解決の技法　40

や
やる気の方程式　10
誘因　10
余暇（Leisure）　73
欲求　10
4つの"L"　27

ら
ライフ・ロール　12, 65
ライフキャリア・レジリエンス　54
ライフ-キャリア・レインボー　12, 65
ライフテーマ　64
ライフデザイン　1
楽観性　86
楽観的思考　54
RIASEC（リアセック）モデル　42
レジリエンス　53
労働（Labor）　73
六角形モデル　41
6つのコツ（課題）　27
論理性　6

わ
ワークライフバランス　1-2

【著者紹介】
杉山　崇（すぎやま　たかし）
1970年下関市生まれ。神奈川大学人間科学部教授，心理相談センター所長。公認心理師，臨床心理士，1級キャリアコンサルティング技能士。1994年から精神科，教育，福祉，産業など各領域の心理職，日本学術振興会特別研究員などを経て現職。うつ病の脳・心・社会の相互作用の知見から「無理のあるキャリアのうつ病リスク」を提案し，2000年代からキャリア形成支援の実務および推進行政に関わる。NHKなどTVでの心理解説も多数。心理学オンラインサロン「心理マネジメントLab：幸せになる心の使い方」主催。

馬場洋介（ばば　ひろすけ）
1962年7月15日栃木県生まれ。帝京平成大学大学院臨床心理学研究科教授。公認心理師，臨床心理士，2級キャリアコンサルティング技能士，中小企業診断士。リクルートグループのメンタルヘルス担当を経験した後，再就職支援会社のリクルートキャリアコンサルティングのキャリアカウンセラーとして中高年や精神障害者の再就職支援を担当。現在，メンタルヘルス専門医療機関の平成医会のリワーク統括責任者としてメンタル面とキャリア面を統合した復職支援を行う。神奈川大学にて「ライフデザインの心理学」の講義を担当。

原　恵子（はら　けいこ）
1963年7月3日福岡県北九州市生まれ。筑波大学働く人への心理支援開発研究センター准教授。博士（カウンセリング科学），公認心理師，1級キャリアコンサルティング技能士，キャリアコンサルタント。教育業界・人材派遣業界を経て現職。キャリアコンサルタント養成講座の講師も長年担当し，キャリア支援者の職業的発達が主な研究テーマ。主著に，『働くひとの生涯発達心理学―M-GTAによるキャリア研究』（晃洋書房，共著），『実践職場で使えるカウンセリング―予防，解決からキャリア，コーチングまで』（誠信書房，分担執筆）など。

松本祥太郎（まつもと　しょうたろう）
1987年7月10日青森県八戸市生まれ。法政大学経済学部を卒業後，株式会社マイナビに入社。新卒採用事業部にて法人営業を担当し，新人賞をはじめ，プレーヤー賞金賞など多数受賞。大手企業から中小企業までのべ150社以上の法人向け採用コンサルティングで実績を残す。2015年7月株式会社NOMALを設立し，代表取締役に就任。「中小企業の採用予算削減専門のコンサルタント」として，これまで300社以上の企業を採用成功に導く。Twitter → @matsumoto0710

キャリア心理学ライフデザイン・ワークブック

2018 年 10 月 1 日　初版第 1 刷発行
2024 年 4 月 30 日　初版第 4 刷発行

定価はカヴァーに表示してあります

　著　者　　杉山　崇
　　　　　　馬場洋介
　　　　　　原　恵子
　　　　　　松本祥太郎
　発行者　　中西　良
　発行所　　株式会社ナカニシヤ出版
　　　〒606-8161　京都市左京区一乗寺木ノ本町 15 番地
　　　　　　　　　Telephone　075-723-0111
　　　　　　　　　Facsimile　075-723-0095
　　　　　　Website　http://www.nakanishiya.co.jp/
　　　　　　E-mail　iihon-ippai@nakanishiya.co.jp
　　　　　　　　　郵便振替　01030-0-13128

装幀＝白沢　正／印刷・製本＝ファインワークス
Printed in Japan.
Copyright © 2018 by T. Sugiyama, H. Baba, K. Hara, & S. Matsumoto
ISBN978-4-7795-1319-0
◎本書のコピー，スキャン，デジタル化等の無断複製は著作権法上での例外を除き禁じられています。本書を代行業者等の第三者に依頼してスキャンやデジタル化することはたとえ個人や家庭内の利用であっても著作権法上認められておりません。

新版キャリアの心理学［第2版］
キャリア支援への発達的アプローチ

キャリア・カウンセリングの基盤となる理論を9名の代表的研究者を取り上げて解説。改訂にあたり，「理論を学習する意味」をより強調し，変化していく理論をより正確に記述，関連性の近い理論家で章を配置しなおした。

渡辺三枝子［編著］　　　　　　　　　　四六判・264頁・2,000円

キャリアカウンセリング再考
実践に役立つQ&A

「クライエントに寄り添うことだけが援助か？」など，キャリアカウンセリングの実践場面で直面する50の課題や疑問を取り上げる。その回答から基礎知識を確認し，キャリアカウンセラーとしてのアイデンティティの明確化を図る。

渡辺三枝子［編著］　　　　　　　　　　四六判・238頁・2,400円

キャリアカウンセリング実践
24の相談事例から学ぶ

カウンセリングの前提からプロセス，仮説，方針，その後の対応まで示した，自らのアプローチを考え，発展させるための手引書。

渡辺三枝子［編著］　　　　　　　　　　B5判・184頁・2,400円

キャリアカウンセリング入門
人と仕事の橋渡し

キャリアカウンセリングをめぐる混乱した状況を整理した上で，その背景となる理論について概観。キャリアカウンセラーとしてどのような援助ができるのか，援助と介入の具体的な技法，そしてカウンセラーの養成プログラムなどについて論じたスタンダード・テキストブック。

渡辺三枝子・E. L. Herr［著］　　　　　　四六判・208頁・2,200円

オーガニゼーショナル・カウンセリング序説
組織と個人のためのカウンセラーをめざして

企業のなかでカウンセラーにできることとは何か。また企業はどうすればカウンセラーの能力を最大限活かせるか。組織に生きる個々人はもちろん組織の発展にも貢献できる能動的なカウンセラーをめざすカウンセリング入門。

渡辺三枝子［編著］　　　　　　　　　　四六判・228頁・2,400円

働くひとの心理学
働くこと，キャリアを発達させること，そして生涯発達すること

働くこと・キャリア・生涯発達の基本的な理論や考え方を解説し，さらにインタビュー調査から，仕事の経験とキャリア発達，心理・社会的発達との関連をモデル化。組織におけるキャリア支援の実践的応用に向けて提言する。

岡田昌毅［著］　　　　　　　　　　　　四六判・253頁・2,500円

表示の価格は本体価格です。

キャリア・パスウェイ
仕事・生き方の道しるべ

カナダを始め世界5ヶ国で翻訳され広く使われているキャリアプログラム「キャリア・パスウェイ」。自分が何をしたいのか，個人と労働市場という両側面をふまえてつくられたワークシートに書き込みながらキャリア情報を統合し，目標を達成させる革新的なプログラム。キャリア指導に最適。

N. E. アムンドソン・G. R. ポーネル［著］／河﨑智恵［監訳］

B5判・104頁・2,000円

中学生・高校生・大学生のための自己理解ワーク

学校生活，対人関係，ストレス——いろいろ悩みはあるけれど，自分やみんなの行動・思考の傾向を知り，未来の可能性を拡げよう！ 第1部のグループワークと，第2部の質問紙テストで，多面的に自己理解を深める。

丹治光浩［著］

B5判・148頁・1,600円

キャリアデザイン支援ハンドブック

キャリアデザイン支援の基礎と実践からなる。基礎としての必須63語の用語解説は，当領域の先鋭が執筆。そして具体的な支援に向け，背景と課題を洗い出し，そこから抽出された技法に載せた実践の試みと，先進事例の紹介からなる。

キャリアデザイン学会［監修］

B5判・260頁・3,000円

キャリア開発の産業・組織心理学ワークブック［第2版］

産業・組織心理学の観点から，社会で働き生きていくために必要な知識を習得し，対応する力を高めることをねらいとしたワークブック。第2版では変化し続ける社会や組織に適応して生きていくことを考えるワークと内容を追加。

石橋里美［著］

B5判・192頁・2,500円

経営・ビジネス心理学

企業組織の維持・運営の心の基盤を徹底解剖。組織行動・作業・人事・消費者行動という産業・組織心理学の部門に対応した構成で，各々の問題を網羅。基礎から近年の研究動向まで踏まえた決定版。

松田幸弘［編著］

A5判・272頁・2,500円

保健と健康の心理学 標準テキスト第5巻
産業保健心理学

産業保健心理学の基礎と最新のトピックを体系的に紹介する日本初のテキスト。ストレスとメンタルヘルス，法律，キャリアなどの基礎知識と，いじめや自殺の問題など，労働者の安全・健康・幸福の保持・増進に向けて解説。

島津明人［編著］

A5判・264頁・3,200円

表示の価格は本体価格です。